Завтрак в Лондоне

—

Ужин в Париже

© Кристина Баби, 2024

Редактор: Кира Искольдская
Фотограф: Екатерина Приходько
Дизайнер: Ольга Михеенкова

ISBN 978-1-3999-8399-0

breakfast-in-london-dinner-in-paris.com

ИСТОРИЯ ЛЮБВИ
С РЕЦЕПТАМИ

Завтрак в Лондоне

Ужин в Париже

КРИСТИНА
БАБИ

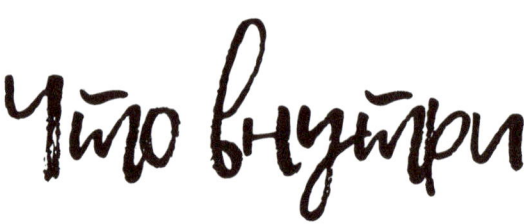

Что внутри

■ САМАЯ НАСТОЯЩАЯ ФРАНЦУЗСКАЯ И АНГЛИЙСКАЯ КУХНЯ

- 15 Лионские бушоны
- 16 Тот самый картофельный гратен
- 19 Французская домашняя кухня
- 21 Custard & gravy: два ключевых ингредиента английской кухни

■ ЧУДЕСНЫЕ РЫНКИ

- 26 Французские продуктовые рынки
- 30 Borough Market

■ ЛИКЕР, ВИНО, ШАМПАНСКОЕ И ПУНШ PRÉFÉRÉS

- 36 Крем де кассис
- 39 Божоле Нуво
- 42 Винтажное шампанское
- 45 PIMM's на солнце и без

■ ПАРА НЕЗАБЫВАЕМЫХ МЕСТ

- 48 Сытные салаты в Грассе
- 52 Праздники сардин в Martigues

■ ДЕСЕРТЫ-ДЕЛИКАТЕСЫ

- 57 Калиссоны
- 58 Нуга
- 61 Пряный медовый кекс
- 63 «Алиса, познакомьтесь, это пудинг»

■ СЪЕДОБНЫЕ ЦВЕТЫ

- 68 Фиалка
- 72 Лаванда
- 75 Сироп из цветов бузины

ПРИКЛЮЧЕНИЯ ПРОВАНСА

79 Трюфели
82 Кавайонские дыни

ПОЖАЛУЙ, ГЛАВНЫЙ ДЕЛИКАТЕС

88 Обжаренная фуа-гра
90 Террин из фуа-гра

ЛЕГЕНДАРНЫЕ СУПЫ

95 Буйабес
98 Луковый суп
101 Шотландский суп из копченой трески

ВЕНЕЦ ТОРЖЕСТВА

106 Рождественское полено
109 Операция: спасти рождественские полена
113 Рождественская утка

СКАЖИТЕ: «СЫЫЫР»

118 Идеальный рецепт фондю из Савойи
121 Моя находка: сыр Морбье
125 Roquefort или Shropshire Blue на завтрак?
127 Stinking Bishop: ожидания vs реальность

ЗАНИМАТЕЛЬНАЯ ФРАНЦУЗСКАЯ ГЕОГРАФИЯ

132 5 причин приехать на Лазурный берег зимой
136 Франция навсегда

ШОТЛАНДСКИЕ КАНИКУЛЫ

142 Шотландия
144 Хаггис, или по Шотландии на ручнике
145 Моя любовь, ночной Эдинбург

КТО СКАЗАЛ: «ШОКОЛАД»?

149 Шоколадное настроение
152 Брауни-и-иии!
156 Шоколадный мусс и житейский переполох

ОБОЖАЮ ЧТО-НИБУДЬ ЗАПЕЧЬ

161 Тиан – рецепт моих любимых запеченных овощей по-провансальски
163 Sunday roast
164 Концепция: запечь все в одной посуде

ПРОТИВОПОЛОЖНОСТИ ПРИТЯГИВАЮТ

171 Orange marmalade
174 Мои впечатления от Лондона и спред Marmite

МОРЕПРОДУКТЫ, КОТОРЫЕ СВОДЯТ С УМА

178 Лангустины из бухты за окном
181 Лобстер на Новый год
182 Айоли

Рецепты

5 ЧАСОВ ПОПОЛУДНИ, ВРЕМЯ ПИТЬ ЧАЙ

- 187 Английская чайная церемония в F&M
- 190 Earl Grey (История моих с ним отношений)

ИДЕАЛЬНЫЙ УЖИН

- 194 Луковый конфи
- 198 Ирландское рагу

ФРАНЦУЗСКИЙ КРУЖОК С ЕГО CHALLENGES

- 203 Галеты волхвов
- 206 Мини киши для Французского кружка

АНГЛИЯ, КОТОРАЯ МЕНЯ ПЕРЕПОЛНЯЕТ

- 210 Клубничные поля группы Beatles
- 214 Английские кулинарные названия французского происхождения
- 218 Пикник на пляже: неизменные fish&chips
- 220 TOP-5 ресторанов Лондона
- 222 Нетуристическая Англия
- 226 Бургеры, о, да!
- 230 Самые странные английские блюда
- 232 Культура английских пабов и пастуший пирог

Картофельный гратен	17
Гратен из лука порея	20
Десертный соус custard	22
Мясная подливка gravy	23
Маринованные артишоки	29
Салат с киноа, манго и стручками горошка	32-33
Утка в уваренном апельсиновом соусе	38
Горячие устрицы	40
Дорада по-провански под тапенадом	44
Салат с манго и креветками в сладком чили соусе	51
Замороженная нуга	59
Пряный медовый кекс	62
Sticky toffee пудинг	64-65
Фиалковый кекс	71
Лавандовый крем-брюле	73
Летний пунш с сиропом из цветов бузины	74
Трюфельное пюре	81
Гигантские креветки с дыней	85

Обжаренная фуа-гра	89
Террин из фуа-гра	91
Простой буйабес	96-97
Луковый суп	100
Шотландский суп cullen skink	103
Торт рождественское полено	110-111
Запеченная утка в апельсиновой глазури	114
Фондю	119
Тартифлетт	122
Мармелад из манго и лайма	124
Запеченный камамбер	128-129
Лимонный курд	134-135
Луковый конфитюр	139
Шоколадный пирог	150
Брауни	154-155
Шоколадный мусс	156
Тиан	161-162
Сосиски, запеченные с фенхелем, красным луком и яблоками	166-167
Апельсиновый мармелад с виски	172
Айоли	183
Классические английские сконы	189
Печень с конфи из лука и фиников	196-197
Ирландское рагу	199
Галета волхвов	205
Мини-киши	207
Клубничные капкейки	212-213
Йоркширский пудинг	217
Садовое ризотто	225
Бургер с ананасом-гриль	228
Пастуший пирог	233

Введение

Франция. Я влюбилась в эту страну, как девчонка. Юная и беззаботная, замужем всего полгода за MBA студентом бизнес-школы INSEAD, полная каких-то радужных ожиданий, я принимала красоту, вкусы и ароматы с широко открытыми глазами и радостным сердцем. И красота эта была бесконечна. В тот первый год мы много путешествовали по разным местам, живописным деревням, городкам и городам побольше, замкам, долинам и холмам. Пробовали, дегустировали, впитывали и восхищались. Романтика происходящего закружила нас с головой, один за другим красочно расцветали цветы и деревья, и год казался долгим медовым месяцем.

Потом мы вернулись в пасмурные будни, и как же не хотелось уезжать! Поэтому при каждой возможности вырваться из вороха забот мы возвращались. И вдвоем, и с дочуркой, и с сыночком. Привозили на каникулы и большую семью. Казалось, другого места, более похожего на рай, не существовало на Земле. И восторженность укоренилась так прочно, что мы подумывали, не связать ли с Францией свою жизнь.

Однако, супруг подошел к возможному переезду основательно и углубился в изучение французского налогового кодекса на несколько месяцев. Постепенно мне становилось понятно, что мы все меньше туда стремимся. А дальше нагрянула пандемия, и вот, не совсем понимая как, мы оказались в последнем самолете в Лондон прямо перед закрытием авиасообщения.

Англия. Я раньше совсем не представляла себя в ней. И оказавшись здесь так спонтанно, прошла все стадии удивления, отрицания и наконец, принятия. Вначале я сравнивала романтику лавандовых полей Прованса с вездесущими английскими пабами, что несравнимо. Но потом обнаружила для себя английскую лаванду и много чего другого уникально вкусного, яркого и стильного.

Хотя, надо признаться, тоска по Франции глубоко засела у меня в сердце, и как настоящий франкофил я везде ищу признаки ее присутствия. Например, в одном районе Лондона концентрация французского просто зашкаливает: брендовые магазины, рестораны, сырная лавка-легенда. И я прихожу сюда каждый раз, как только могу. Ведь такие прогулки заставляют меня лучиться.

«Dis-moi ce que tu manges, je te dirai ce que tu es»
Brillat-Savarin

Возможно, действительно, поначалу я ожидала, что найду свою Францию в Англии, но в результате мне нравится тот неустойчивый баланс, которого я достигла в восприятии двух стран. При этом когда я напрямую сопоставляю английскую и французскую кухню, что так же несравнимо, или искренне хвалю английскую, как в одном из моих очень резонансных видео, это вызывает шквал эмоций.

А зря. Я была заложником тех же предубеждений, но в реальности дела обстоят совсем не так. Существуют же вкуснейшее ирландское рагу, шотландский хаггис и английский пудинг. Даже фиш-н-чипс можно приготовить на ура, если у вас хорошо развито чувство вкуса.

Я очень люблю готовить и собрала массу своих гастрономических впечатлений, лучшее из обеих стран. Которыми щедро делюсь в этой книге. У французов учусь очень важному — искусству жить, l'art de vivre, которое в том числе транслируется и на еду. У англичан — оригинальности и способности вобрать самое яркое из других культур и национальных кухонь. Получается тот еще фьюжн. А по сути, современные рецепты, которые я с удовольствием адаптирую на своей кухне. В прекрасном космополитическом городе, в котором живу сейчас.

Эта книга построена так, что вы не устанете удивляться. Представьте, что вы перемещаетесь на Евростаре из Лондона в Париж и обратно с завидной периодичностью: с той, с которой вы будете перелистывать страницу. К каждой маленькой истории, которая вас там ожидает, будет прикреплен рецепт. И возможно, вам захочется нажать стоп-кран и резко остановиться посреди дороги, чтобы побежать на кухню или сначала в магазин, и сотворить маленький шедевр.

Все, что я предлагаю вам приготовить, проверено на практике: а именно, одобрено моим самым строгим и искушенным критиком, партнером во всех наших приключениях, таким же фанатом Франции и Англии. Моим любимым супругом. Он же по совместительству, хотя и вынужденно, был первым и постоянным слушателем и редактором моих текстов, за что я ему безмерно благодарна.

Если вы случайно засомневались в его объективности, то этого, право, делать не стоит. Прежде чем написать эту книгу, я заручилась поддержкой единомышленников

> «Скажи мне, что ты ешь, и я скажу, кто ты»
> Брийа-Саварен

и получила множество необыкновенно лестных отзывов в своем блоге. А кроме того, накормила немало гостей, в том числе французов и англичан. И даже весьма необычных франкофилов-англичан, членов французского кружка нашего района, в котором я состою.

И наверное, особое влияние на меня оказала моя любовь и пример для подражания, учительница французского, с которой я знакома с тех первых цветущих времен в лесу Фонтенбло. На наших уроках мы без устали обсуждаем французские блюда, как, какие продукты, что и с чем лучше сочетать. Как подать на стол. О какой красивой кулинарной традиции рассказать.

Самую же кардинальную роль сыграла мама, которая воспитала мой вкус. Ее изобретательность и кулинарный энтузиазм так много для меня значили, что, полностью их впитав, я считаю своим долгом передать эту ценность дочке.

Вообще семья — это бесконечная поддержка, которой меня укутывали, как малышку в одеяло, и несли на руках. Благодаря активному участию близких и кристаллизовался замысел, а потом, как калейдоскоп, он рассыпался разноцветными узорами воспоминаний и чувств.

И если задаться вопросом, для чего я написала о своих английских и французских гастро-находках, то это очевидно: светлое настроение и легкость, которой я зарядилась, уже выплескивались через край. Для меня мое сочинительство имело такое же глубоко успокаивающее действие, как удовольствие от просмотра документального фильма о трехзвездочном мишленовском ресторане в Париже рядом с музеем Родена, где безумно хочется побывать.

Мне посчастливилось транслировать свою страсть к французской гастрономии и открытость новому опыту в Англии, чтобы заразить и вас тонкой улыбкой и жаждой кулинарного творчества.

Наслаждайтесь! Bon appétit! Enjoy!

Кристина

САМАЯ НАСТОЯЩАЯ ФРАНЦУЗСКАЯ И АНГЛИЙСКАЯ КУХНЯ

Лионские бушоны
\bouchons de Lyon\

Пешеходный центр, узкие улочки, тесно поставленные маленькие столики, скатерти в традиционную красную клетку, низкие потолки со старинными деревянными балками и безумно вкусная, щедрая аутентичная кухня — это те самые знаменитые «бушоны» в Лионе, заказывать столик в которых лучше за неделю-две.

Считается, что именно здесь вы приобщитесь к истинно французской кулинарии, все остальные регионы, включая Париж, — это реплики. Да-да, именно так говорили французы. Согласитесь, хороший повод когда-нибудь заехать в Лион.

Однажды, в наш первый раз, мы вбежали в ресторан из-под дождя и присели за чудом свободный единственный столик на двоих. Тогда еще нас было только двое, сейчас в такое и не верится уже. Открыли меню, а там — самый правильный луковый суп (soupe à l'oignon), который вам только снился, а также идеальный гарнир — картофельный гратен (gratin dauphinois). На второе мне достались нежные розовые телячьи почки (rognons de veau) с крупной зеленой фасолью — просто, но незабываемо. А супруг мужественно выбрал андуйет (andouillette). Если вы пока не знакомы с этим забористым блюдом, но бодры духом и открыты всему новому, стоит все-таки подумать еще раз: это грубая колбаса, сделанная из свиных кишок. Особое очарование, но могут быть и последствия.

Нужно еще отметить французскую общительность и гостеприимство, в лионских бушонах она прелесть что такое. С вами пошутит не только официант, но и соседняя шумная компания. Хорошее настроение вам будет обеспечено на весь вечер, и вы будете счастливы всякий раз, мысленно туда возвращаясь.

ТОТ САМЫЙ
картофельный гратен
\gratin dauphinois\

Я медленно открываю глаза и обнаруживаю себя в традиционном викторианском доме на севере Лондона. Ранний вечер, и я в полудреме. Оказывается, Лион с его аутентичными ресторанами был зыбким видением, которое я не хочу отпускать. Вспоминаю, что меня спрашивали уже какое-то время назад, в чем секрет правильного гратена, и я никак не находила свободной минутки, чтобы все обдумать и записать. Пока не случились эти самые, на первый взгляд, непримечательные «домоседские» выходные.

Мы не выходили на улицу из-за нелетной погоды: за окном бушевали дождь и ветер. Днем было темно, как ночью. Ветер шел на таран и брал хлипкие английские окна натиском. Мы включили импровизированный камин — видео на репите на телеэкране перед неработающим настоящим камином.

Тихо потрескивали поленья. Урчал на диване кот. Рядом сидели дети, счастливо погруженные в гаджеты. Супруг также потерялся в своем компьютере. Я приглушила свет и ушла на кухню.

Запекла курицу в глазури из меда и соевого соуса и на гарнир вспомнила о гратене. Том самом, что меня научила готовить моя любимая учительница французского в наш первый год во Франции, страшно представить, сколько лет тому назад.

Детей обычно не оторвать от экранчиков, чтобы усадить за стол. Но как только они попробовали первый кусочек, разом уплели всю тарелку. Побольше бы таких домашних пасмурных дней!

КАРТОФЕЛЬНЫЙ ГРАТЕН

Так вот, на самом деле, и все секреты...

Что делать

1. Используйте не нож, а мандолину/шинковку, чтобы получились одинаковые тонкие слайсы. Не мойте картофель после того, как нарезали: так сохранится необходимый для связки крахмал.

2. Выдавите зубчик или два чеснока и смажьте им емкость для запекания. Также смажьте ее сливочным маслом.

3. Выложите нарезанный картофель послойно, посолите и поперчите, а также приправьте тертым мускатным орехом каждый слой.

4. Залейте цельным молоком и нежирными сливками в пропорции 2:1, так, чтобы покрыть картофель. Запекайте 2,5 часа в разогретой до 150 °C духовке. Присматривайте, чтобы не подгорело снизу. Готовность проверяйте ножом.

ФРАНЦУЗСКАЯ *домашняя кухня*
\cuisine familiale française\

Возможно, вы удивитесь, но французская гастрономия — это не сплошь один знаменитый повар Ален Дюкасс.

Да, наша самая частая ассоциация с Францией — это утонченность и изыск во вкусе и обонянии. Да, французы воспитаны на любви к деликатесной и красивой еде, с раннего детства подолгу и спокойно присутствуют за общим столом и впитали много интересного и полезного. Но при этом в этой чудесной стране есть как именитые шефы, так и любители кулинары, cuisiniers et cuisinières, творящие чудеса.

И последние меня вдохновляют не меньше, чем первые. Они всегда с огромным интересом спрашивают, как и из чего я готовлю, как будто это «вопрос на миллион». И с большим чувством отмечают нюансы, изобретения и уловки. Самое большое удовольствие получаешь, обсуждая ужин с французами.

На мой взгляд, TOP-5 блюд домашней французской кухни — это:

— le hachis parmentier, или картофельная запеканка с мясом
— les endives au jambon, эндивий в ветчине
— la tarte aux pommes et boudin noir, пирог с яблоками и кровяной колбасой
— le gratin de poireaux, гратен из лука-порея
— la blanquette de veau, телятина с овощами в кремовом соусе

Давайте приготовим из этого списка гратен из лука порея, вооружившись оригинальным рецептом этого легкого овощного блюда.

ГРАТЕН ИЗ ЛУКА ПОРЕЯ

Вам понадобится

1 кг лука-порея
250 мл молока
100 мл жирной сметаны
20 г муки
40 г сливочного масла
100 г тертого сыра грюйер
соль, перец
мускатный орех

Что делать

1. Вскипятить и посолить воду в большой кастрюле. У порея отрезать корешки и грубую зеленую часть, надрезать стебель вдоль до середины и несколько раз промыть. Связать ниткой, опустить в кипящую воду и варить 10 минут. Разогреть духовку до 240 °C.

2. Приготовить соус бешамель: растопить масло, добавить в него муку и быстро размешать венчиком, постепенно влить холодное молоко, посолить, поперчить и приправить мускатным орехом по вкусу. Мешать до загустения, потом добавить сметану и томить на очень маленьком огне 10 минут.

3. Смазать маслом емкость для запекания. Разложить в ней просушенный лук-порей, залить соусом и посыпать тертым грюйером. Запекать 10 минут, подавать сразу.

Custard & gravy:
ДВА КЛЮЧЕВЫХ ИНГРЕДИЕНТА АНГЛИЙСКОЙ КУХНИ

Конечно, это мое личное впечатление, а не энциклопедическое исследование. Но эффект оно произвело на меня настолько яркий и завораживающий, что я не могу им не поделиться. Есть в арсенале английских шефов два универсальных магических соуса, соленый и сладкий, оба заставляют искриться.

Без чего не может обойтись почти ни один десерт, уж точно ни один пудинг — это custard, густой ванильный крем. Французы его так и называют: английским кремом, crème anglaise, таким образом превознося до статуса универсального.

С первого знакомства с Англией у меня сложилось стойкое ощущение, что этот крем универсален. Им можно залить горячий вишневый пирог, и его вкус сделается менее кислым и более проникновенным, или поместить слой крема над фруктовым желе, или использовать как основной наполнитель в тартах и тарталетках, или как начинку в капкейках. Вариантов — миллион.

Точно так же, без него не может обойтись ни запеченное мясо с овощами, Sunday roast, ни сосиска с пюре, sausage & mash, — это мясная подливка gravy. Этот соус усиливает вкус на все 200%. По сути, это концентрированный мясной бульон, но не такой простой, каким кажется на первый взгляд. Я особенно люблю вариант с добавлением красного вина.

CUSTARD

Custard легко приготовить дома.

Вам понадобится

2 яйца
3 ст. ложки кукурузного крахмала
3 стакана молока
3 ст. ложки сахара (отрегулируйте по вашему вкусу)
1 ч. ложка ванильного экстракта

Что делать

1. Смешайте в сотейнике венчиком яйца, крахмал и молоко.

2. Переместите на плиту на небольшой огонь и продолжайте взбивать до загустения и нежной консистенции.

3. Добавьте сахар и ванильный экстракт.

GRAVY

Вам понадобится

1 бокал (200 мл) красного вина
3 ст. ложки кукурузного крахмала
600 мл куриного бульона
2 ст. ложки джема-желе из красной смородины

Что делать

1. Сначала размешайте кукурузный крахмал в 3 ст. ложках красного вина до гладкой консистенции, потом вмешайте остальное вино.

2. Разогрейте бульон и добавьте в него смесь с красным вином, а также желе из красной смородины. Продолжайте помешивать, пока жидкость не загустеет.

3. Сохраняйте в холодильнике до 2-х дней, накрыв пленкой. Перед подачей разогрейте до образования пузырьков.

4. Для большего оттенка вкуса добавьте до 200 мл сока, выделенного при запекании мяса, курицы или индейки, к которым подается gravy.

ЧУДЕСНЫЕ РЫНКИ

ФРАНЦУЗСКИЕ
продуктовые рынки
\marchés hebdomadaires\

Эта тема настолько волнующая, а воспоминания такие живые, что я даже не знаю, с чего начать. Если кратко, то еженедельные продуктовые рынки (чаще всего по выходным, но случаются и среди недели, в каждом городке в свой особенный день) — это невероятно позитивный expérience.

Сам вид этого изобилия — отличный стимул к творчеству: как приготовить, чтобы максимально прочувствовать эту жизнь на вкус? Какой выбрать сыр попахучее и попикантнее saucisson? Боже, какой красивый артишок, как к нему лучше подступиться?

А рыбный ряд в городке на море? Это же музыка, весна, бальзам на сердце! У каждого прилавка ажиотаж и длинная очередь. Продавцы ловко подхватывают и чистят для вас рыбу, по ходу действия расхваливают ее и перебрасываются шутками с окружающими.

Или, я помню, однажды решила купить у мясника пару кусочков говяжьей печени. «Fins ou pas trop?» — поинтересовался он желаемой толщиной нарезки, и, похоже, неважно, что вы ответите, достаточно кивка головой и жеста, означающего что-то среднее. Как вдруг начался театр одного актера: он мастерски маневрировал ножом, вырезая самые незначительные прожилки. Я никогда раньше не встречала такого трепетного отношения к печени. И пусть весь мир подождет.

Кстати, ходить на рынок лучше в компании с крепким мужчиной: самостоятельно с последствиями разгулявшегося аппетита вы просто не справитесь, а так хотя бы сможете все покупки оттуда до машины донести.

МАРИНОВАННЫЕ АРТИШОКИ

Если вам посчастливилось встретить на рынке артишоки, особенно небольшие молодые и потому особенно нежные внутри, давайте расскажу, как их приготовить.

Что делать

1. С них нужно сначала снять грубые лепестки, начиная с середины до основания. Отрезать ножку, оставив 3–4 см, и зачистить ее от внешних плотных волокон ножом или овощечисткой. Дальше отрезать почти половину бутона, проверить на срезе, не осталось ли толстых внешних лепестков, и безжалостно избавиться от них тоже.

2. Таким образом очистить 5 артишоков. Положить готовые бутоны в воду с дольками лимона, т.к. артишоки окисляются почти моментально. Потом ту же воду посолить и довести до кипения, варить около 10 минут до готовности, которую можно проверить, проткнув основание цветка ножом.

3. Достать и обсушить артишоки, затем выскоблить ложкой несъедобную пушистую сердцевину цветка. Вам может показаться, что от первоначальной версии цветка почти ничего не осталось, но что же, c'est la vie, и приходится смириться.

4. Приготовить маринад, смешав оливковое масло, бальзамический уксус, выдавленный зубчик чеснока и немного мелко нарезанной петрушки. Этим маринадом важно подчеркнуть, но не перебить приятный вкус артишоков.

5. Поставить в холодильник минимум на 5 часов. Можно использовать в салате, просто добавив рукколу и помидоры черри, или на теплой брускетте с козьим сыром, или просто так!

Borough Market

Я пребывала в смятении и не знала, чего ожидать, но уже давно и серьезно стремилась побывать на этом легендарном лондонском продуктовом рынке. Про него говорили, например, что там закупаются все именитые шефы, и впечатление складывалось соответствующее.

Находится этот рынок прямо под железнодорожным мостом, по которому почти постоянно стучат колеса — получается атмосферно до невозможности. Но самое примечательное — это какие необыкновенные там продаются гастрономические изыски, музейные экспонаты практически.

Начну с того, что мне наконец-то посчастливилось купить мой любимый французский сыр Saint-Félicien! А я уже бросила все попытки его найти. И это само по себе огромная радость.

Не говоря о том, с каким чувством, плавно и медленно, цепляясь за названия взглядом, проходишь вдоль рядов специй. Или покупаешь лавандовый и фиалковый сироп в таких, знаете, очаровательных склянках, что представляешь себя алхимиком, а не кулинаром.

Или пробуешь и узнаешь, что помимо арахисового масла существует розово-фисташковое или кокосово-кардамоновое с кешью. Голова идет кругом, и покупаешь оба.

Где сыры, там и колбаски, включая ослиную. О-оу.

Там же длиннющая очередь за колумбийским кофе и просто завораживающий выбор ингредиентов для смузи: я взяла и получила большое удовольствие от сочетания ананас – манго – банан – пшеничная трава – ячменная трава – льняное семя – яблочный и апельсиновый сок. Уфф, как это вкусно!

В воскресенье днем страшное столпотворение, потому что еще на этом рынке много горячей уличной еды, такой, как паэлья и грибное ризотто. Как мне показалось, это место — центр притяжения гурманов и поклонников разнообразия во вкусах, да и просто любителей жизни.

Таких, как мы с супругом, которого я взяла с собой за компанию, и в результате он был счастлив так здорово развеяться и переключиться от бесконечных дел.

В результате я возвращалась на Borough Market не раз и не пять, а при любой возможности, находя себе постоянно самый пустяшный повод, будь то специя или трюфельное масло. Я пропиталась ароматами, красками и текстурами замечательных продуктов. Купила книжку с рецептами из них и увлеклась настолько, что не могла оторваться. Вот, например, один из рецептов, вдохновленный дарами с этого потрясающего рынка:

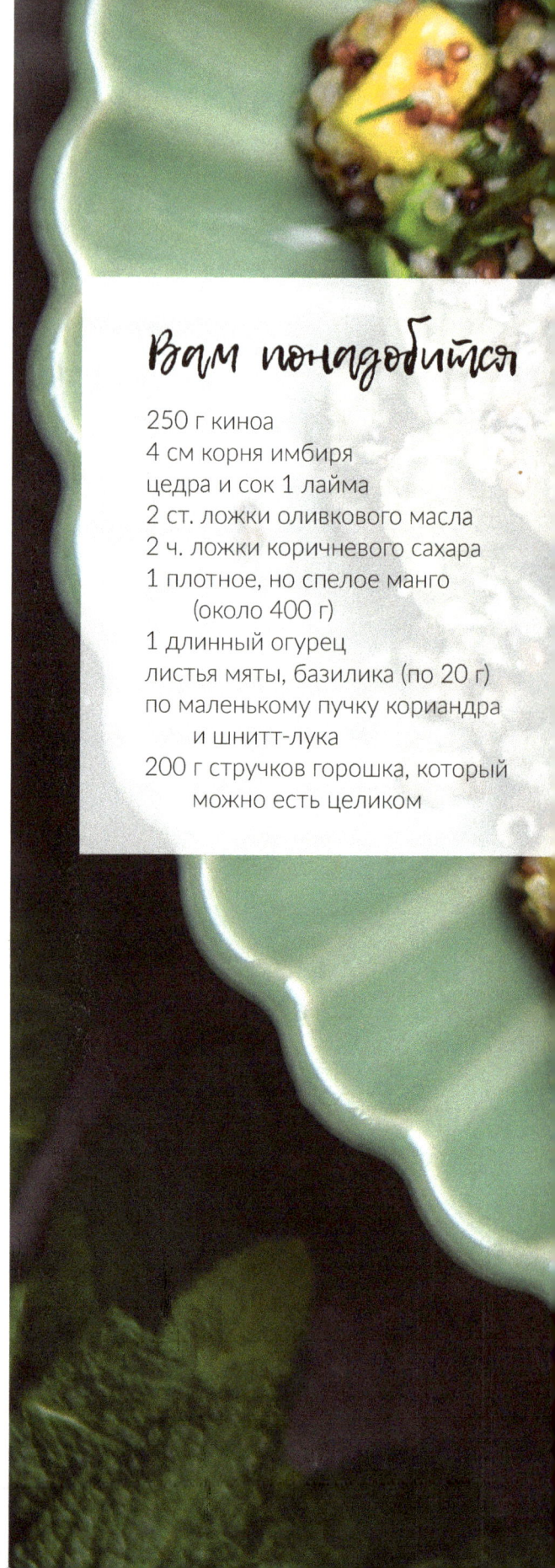

Вам понадобится

250 г киноа
4 см корня имбиря
цедра и сок 1 лайма
2 ст. ложки оливкового масла
2 ч. ложки коричневого сахара
1 плотное, но спелое манго (около 400 г)
1 длинный огурец
листья мяты, базилика (по 20 г)
по маленькому пучку кориандра и шнитт-лука
200 г стручков горошка, который можно есть целиком

САЛАТ С КИНОА, МАНГО И СТРУЧКАМИ ГОРОШКА

Что делать

1. Приготовьте киноа: залейте водой в пропорции один к четырем, доведите до кипения, посолите и убавьте огонь. Варите 20 минут, пока не появятся белые хвостики. Слейте и остудите.

2. Тем временем в большой миске приготовьте заправку. Очистите и потрите на мелкой терке имбирь, затем добавьте цедру и сок лайма, оливковое масло, сахар и щедрую щепоть соли и перца.

3. Очистите манго, удалите косточку и нарежьте мелкими кубиками мякоть. Переложите ее в миску с заправкой.

4. Очистите огурец, разрежьте его вдоль пополам и выскоблите водянистые семена чайной ложкой. Порежьте кубиками размером в 1 см, также переложите в миску к манго.

5. Грубо порубите зелень, разрежьте каждый стручок горошка поперек пополам и добавьте в салат.

6. В последнюю очередь добавьте киноа, тщательно перемешайте. При необходимости досолите и доперчите.

7. Этот салат можно приготовить и заранее, за 3-4 часа до подачи.

ЛИКЕР, ВИНО, ШАМПАНСКОЕ И ПУНШ PRÉFÉRÉS

Крем де кассис
\crème de cassis\

Бургундия: Vézelay, Beaune, Nuits-Saint-Georges, Dijon... Путешествуя по легендарному винному пути, мы открыли для себя и crème de cassis, необыкновенно яркий и насыщенный ликер из черной смородины.

Ее начали сажать в XIX веке после нашествия филлоксеры, погубившей тогда огромные площади виноградников, и сейчас черная смородина — один из штрихов к портрету современной Бургундии, кроме вина, улиток и горчицы.

Как здорово, что однажды мэр Дижона предложил смешать крем де кассис с белым вином сорта алиготе, и это оказалось настолько вкусно, что в честь своего создателя назвали популярный коктейль — Кир. Есть еще более известный вариант — Кир Ройяль, но я обычно уточняю, чтобы мне принесли оригинальную версию, на белом вине, а не на шампанском. Так аутентичнее.

На основе этого сочетания появились также и другие идеи: например, используют персиковый или грейпфрутовый ликер. Последний добавляют в розовое вино и считают своим специалитетом в Грассе (мой любимый городок рядом с Каннами на Лазурном берегу).

Кроме того, я активно использовала смородиновый ликер в кулинарных целях, например, для простого соуса к утке. После той поездки в Бургундию, я просто влюбилась в magret de canard и в crème de cassis, и решила их соединить легким движением руки.

Вы не представляете, как это было вкусно! Поэтому и остается в нашем меню уже много лет. Я готовлю таким образом утку, когда мне кажется, что недостаточно в жизни удовольствия и комплиментов.

Возможно, это было тривиальным изобретением, но «моя утка» каждый раз вызывает фурор и претендует на французский шик. А супруг не устает меня расхваливать: «Да это же звездный ресторан!»

УТКА В УВАРЕННОМ АПЕЛЬСИНОВОМ СОУСЕ

Вам понадобится

4 филе утиной грудки с кожей
200 мл апельсинового сока
50 мл черносмородинового ликера
соль, перец

Что сделала я

Приправила солью и перцем и обжарила утиную грудку целиком без добавления масла, в жире из ее шкурки. Когда она подрумянилась, залила апельсиновым соком и добавила ликер. Уварила соус до приятной вязкой консистенции, потомив в нем утку с одной и с другой стороны.

Божоле Нуво
\beaujolais nouveaux\

Как известно, каждый год любители вина отмечают большой праздник — встречают новый урожай Божоле. Этого события с нетерпением ждут во всем мире, и обычно шумно и весело отмечают во Франции. Меня же в этой связи интересует насущный вопрос: что подать к столу с бутылкой юного вина?

Традиционно это: тарелка сыровяленых колбас (charcuterie) и сыров. Причем, самая популярная для такого повода свиная колбаска называется une rosette lyonnaise, а сыры нужно выбирать обязательно молодые и максимально ароматные. По совету одного моего знакомого эногастрономического эксперта, лучше всего к бокалу Божоле подойдут такие сыры, как:

Brillat-savarin — один из самых нежных сыров из коровьего молока с белой плесенью, во вкусе сливки и нотки горечи и грибов. Из-за высокой жирности его также называют «сырным фуа-гра».

Saint-marcellin — также относится к семейству сыров бри, отличается фруктовым, грибным и ореховым послевкусием. Маленький, круглый, морщинистый, необыкновенно ароматный.

Beaufort d'été — твердый сыр, который иногда называют «принцем грюйеров». Плотный, почти без дырок, липкий на ощупь, с тонким ореховым привкусом.

Cervelle de canut — дословно, «мозги ткача» (оригинальное название, не правда ли?), мягкий сырный дип с чесноком и травами родом из Лиона.

Raclette — плотный прессованный полутвердый сыр с интенсивным ароматом и насыщенным вкусом.

К Божоле также можно подать и мясо, но слабой прожарки, а еще хороши брускетты с вялеными помидорами, например.

И последнее сочетание, которое вас приятно удивит: попробуйте Божоле Нуво с устрицами и разбейте вечный стереотип «устрицы — белое вино». Причем, помимо свежих устриц, можно приготовить и горячий вариант.

ГОРЯЧИЕ УСТРИЦЫ

Вам понадобится

12 устриц
75 г сливочного масла комнатной температуры
8-10 веточек петрушки
8-10 веточек кинзы
1 маленький лук-шалот
1 щепотка соли,
свежемолотый перец
мешочек соли грубого помола

Что делать

Откройте устрицы, освободите их от лишней жидкости, усадите в соль на блюде, которое отправится в духовку. Мелко порежьте петрушку, кинзу и шалот, посолите и поперчите. В миске вилкой перемешайте зелень, лук и масло. Выложите небольшое количество смеси на каждую устрицу и подогрейте в духовке в течение 3-4 минут. Сразу подавайте.

\champagne millésimé\
Винтажное шампанское

Снова праздники щекочут нос, и я выбираю шампанское на Новый год. Хочется верить, моя история поможет и вам определиться с покупкой. Первая мысль: повторить обыкновенное — популярные дома, такие как Veuve Clicquot, Dom Pérignon и Louis Roederer. Все они, конечно же, очень хороши. Но традиционны! В прямом смысле: из года в год, мастер погреба большого бренда берет старые винтажи и новые — и добивается того же привычного вкуса, в то время как маленькие дома делают вроде бы все по правилам, но шампанское получается «своим», и каждый год разным.

Это я почти дословно цитирую нашего друга винного эксперта, на дегустациях у которого мы научились чувствовать эту разницу. И не только массового рынка против нишевого, но и взрослых винтажей против молодых. Для себя он выбирает шампанское +/- 20 лет. И это не блажь! Ведь молодые вина, в том числе игристые, одних привлекают своей яркостью и дерзостью, но для других они достаточно неуклюжи.

Понимаете, все разное, даже размер пузырьков. А еще, что удивило в некоторых вариантах именно меня — несносный, неприличный, но при этом необыкновенно благородный аромат сырной плесени и скотного двора. И в этом — громкая индивидуальность того винтажа.

На одной из дегустаций пару лет назад у нас определился абсолютный фаворит: Ayala Brut Millésimé 1996 года из Côte des Blancs — винодельческой провинции, где рождаются шампанские вина с живым характером и легким деликатным ароматом, утонченные и элегантные.

В этот раз, мне кажется, настал черед попробовать Ayala Brut Millésimé 1999 года. Об этом шампанском пишут, что оно может хорошо сочетаться с карпаччо из гребешков или с блюдом из белой рыбы, например, тюрбо, диким сибассом или дорадой. Отличная идея праздничного меню, я считаю, и хочу вам предложить один очень вкусный вариант, который я не устаю тиражировать, как только мне встречается хорошего качества целая дорада.

ДОРАДА ПО-ПРОВАНСКИ ПОД ТАПЕНАДОМ

Вам понадобится

2 дорады средних размеров
4 средних помидора
3 веточки базилика
соль, свежемолотый перец
100 г черных маслин без косточек
1 ст. ложка каперсов
2 зубчика чеснока
20 г (2-3 шт) анчоусов (по желанию)
оливковое масло

Что делать

1. Помидоры нарежьте полукругами, посолите и поперчите. Очистите, выпотрошите рыбу, промойте ее изнутри и снаружи.

2. Приготовьте тапенад: взбейте в блендере маслины, каперсы и чеснок, если хотите, добавьте и анчоусы, но осторожно: они очень соленые. Влейте тонкой струйкой 2–3 ст. ложки оливкового масла и хорошо перемешайте.

3. Посолите и поперчите рыбу, смажьте ее оливковым маслом, расположите в глубокой емкости для запекания. Сверху положите тапенад, как будто «накрывая» рыбу одеялом. Сверху красиво разложите помидоры.

4. Запекайте в духовке 15 минут при температуре 200 °C. При подаче украсьте листьями базилика.

PIMM's на солнце и без

Заглядываю в цветущий Regent's Park и ахаю: нас не было две недели, а он уже утопает в цветах. Даже коротко стриженные полянки рядом с водой усыпаны мелкими ромашками-маргаритками, которые скорее всего выросли там сами. Такая дикая нежность и обаяние. А вокруг тяжелые грозди благоухающих деревьев и клумбы, переполненные цветами, как будто садовник сомневался, что получится такой результат, и посадил все покучнее. Весна на полную мощность. Ароматы сбивают с ног.

Во внутреннем кольце парка есть мое любимое кафе. Столик на солнце с QR-кодом, который нужно отсканировать для того, чтобы сделать заказ. И среди прочего в разделе «напитки» я вижу коктейль PIMM's. Меня в тот же момент подхватывают и уносят прочь воспоминания о прошлом лете, когда я была волонтером на ярмарке в своем районе Хайгейт. У прилавка с PIMM's тогда выстраивалась самая длинная очередь.

По сути это английский вариант легкого пунша, на вкус немного мыльный, смешанный с тоником или лимонадом и фруктами, среди которых непременно фигурирует клубника.

Я очень полюбила PIMM's после того, как увидела на той ярмарке, как он лился рекой. Умеренное его потребление растягивает губы в тонкую заразительную улыбку. В душе танцуют солнечные зайчики, даже если вы напоминаете себе о лете холодным пасмурным зимним вечером в местном пабе, куда вы зашли всего на полчаса, оставив детей друг на друга дома на свой страх и риск. Такая резкая и зыбкая свобода, почти запретный плод.

Каждый раз, когда наступает долгожданное лето, все открывают сезон коктейлей и вечеринок в саду, которого у нас нет, к сожалению, в этом доме. Но все поправимо: можно гулять в парках и устраивать там пикники или ходить в гости!

4

ПАРА НЕЗАБЫВАЕМЫХ МЕСТ

Сытные салаты в Грассе
\salades gourmandes à Grasse\

Как же хочется подробно написать об этом моем любимом, любимом городе. В 10 километрах вверх в горы от Канн, с умопомрачительными видами на море, которые открываются со смотровой площадки, с узкими крутыми извилистыми улочками, теплыми охристыми красками домов, множеством кошек, несколькими музеями парфюмерии, милыми ресторанчиками, фонтаном на площади и уймой гастрономических и сувенирных бутиков.

Мы заехали туда первый раз еще студентами и очаровались навсегда. В том году чуть позже только появился первый айфон, и я за один день заполнила память цифрового фотоаппарата, а когда вечером просматривала отснятое, случайно нажала не туда и отформатировала карту памяти. Помню, что заплакала горько, потому что тогда показалось, что может и не представиться случай снова увидеть эту красоту.

Чтобы закрыть гештальт, мы вернулись в Грасс на следующий день и долго гуляли сквозь и поперек, пока не свернули в сторону от фонтана и не набрели на уютное солнечное кафе, в котором подавали les salades gourmandes — замечательная концепция, когда на широкой тарелке соседствуют дыня и пармская ветчина, табуле, овощи, каперсы, салатные листья и вдобавок еще брускетта с запеченным козьим сыром. Такая щедрая порция «сытного салата» — это полноценный обед, и я потом много раз замечала, что во время бизнес ланча многие французы довольствуются формулой «салат плюс напиток».

Есть один салат на обед меня также научила одна знакомая француженка, красавица неопределенного возраста, гибкая танцовщица с живым умом и изысканной лексикой, Эвелин. Я всегда удивлялась ее утонченности, а потом, когда она предостерегла нас о коварности круассанов, все в моем представлении о французском подходе к диете встало на свои места.

Один сытный салат, и не больше. Зато вариаций сочетаний ингредиентов — миллион. Вы ограничены только размахом фантазии. Например, из интересного:

Salade périgourdine — классика юго-запада Франции: карамелизированные куриные желудки, поджаренный бекон, картофель, салат фризе, зеленая фасоль, кедровые орешки, ореховое масло, винный уксус и горчица.

Salade méditerranéenne — одно из прочтений средиземноморского салата: кускус, оливковое масло, помидоры черри, белый винный уксус, чечевица, фета, оливки Каламата без косточек, мелко нарезанный базилик, соль и перец.

Assiette italienne — итальянская тарелка: руккола, шпек, маринованный перец, вяленые помидоры, ломтики пармезана, кедровые орешки, оливковое масло и бальзамический крем.

Salade de boeuf à la mangue — это вам для разнообразия: тонко нарезанный ростбиф, манго, поджаренный и крупно измельченный кешью, кинза и базилик, сок лайма, оливковое масло, соль и свежемолотый перец, щепотка хлопьев чили.

Однако, сейчас в Лондоне мой самый частый и популярный дома салат — это: салат с манго и креветками в сладком чили соусе.

САЛАТ С МАНГО И КРЕВЕТКАМИ В СЛАДКОМ ЧИЛИ СОУСЕ

Вам понадобится

1 упаковка (120 г) рукколы
1 упаковка (400 г) помидоров черри
2 спелых авокадо
1 большое манго или 2 поменьше (450 г мякоти)
1 небольшая упаковка (200 г) замороженных сырых креветок
соль, перец,
оливковое масло
сладкий чили соус
пармезан (70 г)

Что делать

1. На подушку из рукколы прямо на тарелке выложите помидоры черри и крупно нарезанное авокадо. Посолите и полейте оливковым маслом. Так же крупно нарежьте манго, положите сверху.

2. В сотейнике на оливковом масле до розового цвета со всех сторон обжарьте креветки, посолите и поперчите. Влейте сладкий чили соус, достаточно много, чтобы покрыть креветки. Уварите его до нужной консистенции на медленном огне.

3. Выложите на тарелки креветки, полейте соусом. Крупно настрогайте пармезан, посыпьте им салат.

\sardinades\
Праздники сардин
в MARTIGUES

Как-то раз по счастливой случайности, заехав в Martigues — город к северо-западу от Марселя на берегу обширного соленого озера, — мы обнаружили там шумный многолюдный праздник. На территории бывшей парковки были расставлены столы и стулья, все места были заняты, а к нескольким прилавкам-вагончикам, расположенным вокруг, тянулись длиннющие очереди. Оказалось, что это ежегодное мероприятие, посвященное сардинам, и все эти любители мелкой рыбешки с чувством его отмечали. «Как симпатично!» — подумали мы и погрузились во всеобщее ликование с головой.

Наверное, одна из причин такой популярности — меню за 10 евро: тарелка сардин на гриле, пластиковый стаканчик белого вина и кусок хлеба. Или, в другом варианте (мулинад, а не сардинад), на который мы попали пару лет спустя в Brusc, — порция мидий маринье, приготовленных прямо на набережной в массивных чанах на горящих дровах, картошка фри и тот же стакан вина.

Мы также обратили внимание на одну милую деталь: и компании за столами, и вереница ожидающих готовности новой партии сардин — увлечены непринужденным общением, после нескольких стаканов вина собеседники пребывают в приподнятом настроении, и никто не обижается, если кто-то подходит сбоку и встревает в очередь и в разговор как бы невзначай.

Однако за столами так тесно, что многие располагаются на краю набережной рядом с лодками. Мы тоже последовали их примеру и почувствовали особую сопричастность и кайф. А вот кое-кто неосторожный упал в воду.

Одна маленькая непритязательная рыбка, танцы до упаду, пир горой — вот что значит веселый праздник по-французски.

ДЕСЕРТЫ-ДЕЛИКАТЕСЫ

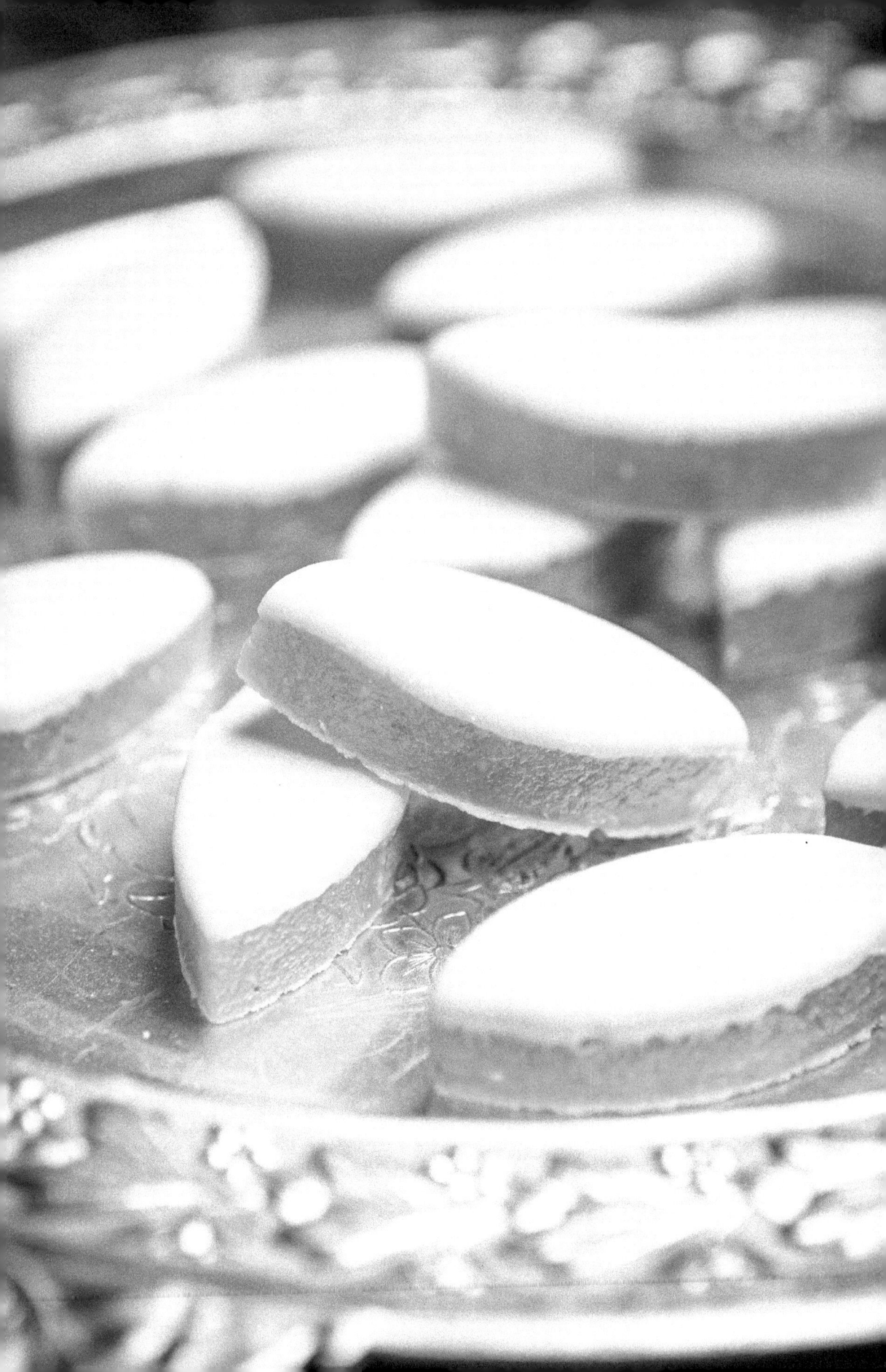

Калиссоны
\calissons d'Aix\

Вы когда-нибудь пробовали калиссоны из Экс-ан-Прованс? Сначала вы с легким хрустом надкусываете королевскую глазурь, потом вас ждет мягкое тесто, похожее по консистенции на марципан, а в действительности основанное на свежести засахаренной дыни, яркости апельсиновой цедры и нежности бланшированного миндаля. Внизу — тонкая пресная подложка из картофельного крахмала и воды, съедобная, разумеется.

Этим мини-пирожным придают форму миндаля или, еще говорят, женского глаза. Такое сравнение неслучайно. По легенде, эту сладость в 1454 году изобрел придворный кондитер во время трапезы в честь свадьбы короля Рене Доброго и Жанны де Лаваль, девушки скромной и серьезной, которая к тому же была на 35 лет младше жениха. Попробовав их, она в первый раз улыбнулась и спросила: «Что это?» Растроганный король воскликнул: «Di calin soun!» (это по-провансальски) или по-французски «Ce sont des câlins!», что значит: «Это поцелуи!».

Как бы то ни было, именно коробочку калиссонов привозила, каждый раз приезжая к нам, хозяйка дома, который мы снимали на побережье к юго-востоку от Экса, и мы подружились, скорее всего, на этой почве. Перед ее калиссонами невозможно было устоять. А она, очевидно, считала их идеальным угощением и была очень радушной хозяйкой, потому что даже маленькие такие коробочки не так-то и дешевы. Их стоимость объясняется дороговизной ингредиентов и длительностью приготовления при низкой температуре.

Настоятельно рекомендую вам когда-нибудь заглянуть в один из кондитерских бутиков или посетить фабрику в окрестностях Экса и попробовать этот специалитет, в каждом кусочке которого заключено l'art de vivre, искусство жить, в Провансе. Только мой совет, выбирайте прочную упаковку — калиссоны очень хрупкие, глазурь может помяться при транспортировке.

Нуга
\nougat\

Первое впечатление о французской нуге мы получили, прилипнув к роскошным витринам магазинов сладостей в бургундском Beaune. Тогда не удалось задаться главным вопросом, какую нугу выбрать: черную или белую, потому что буйство красок и разнообразие начинок сбивали с толку.

Однако, столица этого деликатеса, Montélimar, находится в северном Провансе, скоро после Оранжа по дороге из Авиньона в Лион. В одном из самых давних ремесленных производств Arnaud Soubeyran расположен и Музей нуги, а начало истории этого лакомства из меда и миндаля датируется XVII веком.

Есть также менее известное, отдаленное, но невероятно очаровательное место в Провансе, — городок Sault, где нугу делают из тонко-ароматного лавандового меда — туда, к подножию горы Ventoux, мы специально долго ехали из Экса по узкой петляющей дороге, чтобы полюбоваться самыми фотогеничными сине-фиолетовыми пейзажами: лавандовыми полями. И эта не самая простая поездка стоила полученного удовольствия. Там мы нашли милейший аутентичный бутик Nougat Andre Boyer.

Хороший совет: выбирайте мягкую нугу — nougat tendre, она определенно легче жуется.

Еще мы влюбились в замороженную нугу — nougat glacé. Попробовав однажды, мы безуспешно пытались найти этот вкусный десерт в очередном ресторане. Вот несложный рецепт ее приготовления.

ЗАМОРОЖЕННАЯ НУГА

Вам понадобится

3 яйца
300 мл сливок для взбивания
120 г сахара
100 г жидкого меда
150 г миндаля
75 г фисташек

Что делать

Поджарьте на сковороде фисташки и миндаль, припудрите сахаром и дайте карамелизоваться. Отделите белки от желтков. Подогрейте мед. Взбейте в пену белки и влейте кипящий мед, перемешайте. Смешайте остаток сахара с желтками, взбейте и соедините с белками. Взбейте сливки и добавьте к яично-медовой смеси. В конце добавьте крупно измельченные орехи. Выложите полученную массу в проложенную пищевой пленкой форму для кекса, чтобы потом было удобно достать замороженный десерт. Поместите в заморозку, подавайте минимум через 12 часов.

ПРЯНЫЙ медовый кекс
\pain d'épices\

Бывало, что еще даже не зима, но мы уже выкопали в лесу, посадили перед окном и нарядили елку. С наступлением темноты зажигаем гирлянды, и она стоит, припорошенная снегом, и радует, приближая праздник.

Любуюсь ею и вспоминаю канун Рождества в Bourron-Marlotte, сказочном крошечном городке под Фонтенбло, где мы провели год в бизнес-школе. Выйдя поздно вечером на скрипучий морозец, мы пошли прогуляться по каменным извилистым улочкам, и оказались в полном одиночестве. Все наши соседи были дома, и абсолютное большинство зажгли камин. Воздух был наполнен самым моим любимым запахом дымка, праздничные огни дополняли волшебство, учебный год подходил к концу, и я впитывала этот момент всем существом: нам никогда не было так хорошо, как в тот первый год во Франции.

А теперь расскажу о рождественской выпечке, с которой прочно ассоциируется этот сезон, но найти ее можно в продаже круглогодично: так называемый pain d'épices — ароматный медовый бисквит с насыщенным пряным вкусом, который я предлагаю вам попробовать испечь самостоятельно.

ПРЯНЫЙ МЕДОВЫЙ КЕКС

Вам понадобится

Для начала нужно истолочь специальную смесь специй:
- 20 г молотой корицы
- 2 звездочки бадьяна
- 10 бутонов гвоздики
- 10 г зерен кориандра
- 7 г зеленого аниса
- 1 десертная ложка молотого имбиря
- ¼ десертной ложки молотого мускатного ореха

Дальше — ингредиенты для кекса:
- 160 г муки
- 160 г цветочного меда
- 60 г сливочного масла
- 1-2 десертных ложки смеси специй
- 7 г пищевой соды
- 70 г молока
- 65 г тростникового сахара

Что делать

Прогреть духовку до 155 °C. Растопить масло и дать ему остыть. На очень маленьком огне растопить мед. Смешать муку, специи и соду. Соединить мед с молоком, потом добавить масло и сухую смесь. Хорошо перемешать, в конце ввести тростниковый сахар. Смазать маслом и припудрить мукой форму для кекса стандартных размеров, залить в нее тесто. Выпекать в течение 1 часа, не открывая духовку, иначе кекс осядет и потрескается. Проверить готовность деревянной шпажкой, дать остыть в форме на решетке. Хранить несколько дней завернутым в бумагу для выпечки.

АЛИСА, ПОЗНАКОМЬТЕСЬ, ЭТО ПУДИНГ

Интересно, какие ассоциации у вас вызывает английский пудинг? Я, например, с самого начала не была уверена в его классификации и подозревала подвох. И действительно, как оказалось, пудингами англичане называют любой десерт, а не конкретный его вид. Не что-то бесформенное и дрожащее, как раньше представляла себе пудинг я.

Как правило, в конце трапезы официант спрашивает: «не хотели бы вы пудинг?», что означает: «что бы вы хотели на десерт?». Здесь, правда, необходимо заметить, что есть и исключения — не все пудинги сладкие и мучные. Но давайте, чтобы не запутаться, для общего понимания перечислим некоторые варианты, все они в Англии попадают в категорию пудингов:

— рисовый пудинг (каша практически)
— лимонный чизкейк или lemon drizzle кекс
— шоколадный торт или шоколадный фондан
— мягкий кекс (sponge) с прослойкой из варенья, также всё богатое разнообразие sponge кейков
— тирамису, заимствованный, почему нет
— яблочный пирог, яблочный крамбл
— банановый пудинг, трайфл с бананами и Бейлис
— и мой фаворит среди пудингов — sticky toffee пудинг, рецептом которого я с радостью делюсь.

Постепенно, раз за разом после таких вопросов официанта и у нашей семьи широкое значение пудинга вошло в обиход, понравилось и прижилось. Какое-то само слово симпатичное и обаятельное. Порой проще отказаться от предложенного десерта, а от пудинга рука не поднимается, и язык не поворачивается. Особенно, когда можно либо друг у друга попробовать, либо разделить одну порцию на двоих.

Романтика продленного вечера — вот настоящее предназначение пудинга. Когда вы хорошо провели вместе время за едой и разговорами и ищете любой повод, чтобы отсрочить момент ухода. Такое случается в нашей паре почти постоянно, если мы вышли вдвоем, и реже, — если с нами шумные дети.

Вам понадобится

На 4 порции:
75 г фиников
75 г размягченного сливочного масла
50 г коричневого сахара
2 яйца
1 ч. ложка ванильного экстракта
140 г муки
1 ч. ложка разрыхлителя

Для соуса:
150 мл жирных сливок
75 г коричневого сахара
25 г масла

STICKY TOFFEE PUDDING

Что делать

1. Удалите косточки из фиников и порежьте их. В небольшом сотейнике доведите до кипения 75 мл воды, добавьте финики и уменьшите огонь. Томите 3-4 минуты, пока финики не превратятся в пюре и абсорбируют воду. Аккуратно перемешайте, чтобы получить гладкую консистенцию.

2. Разогрейте духовку до 180 °C. Смажьте маслом 4 формы для пудингов по 150 мл объема каждая.

3. Смешайте масло и сахар с помощью миксера, пока масса не побелеет и не станет воздушной. Постепенно добавьте яйца и ванильный экстракт, затем муку и разрыхлитель. В конце добавьте пюре из фиников, хорошо перемешайте. Распределите по формам.

4. Переместите их в большую форму для запекания, заполните ее кипящей водой до половины высоты форм для пудинга. Накройте большую форму фольгой и отправьте запекаться в духовку 25 минут. Проверьте готовность пудингов: они должны подняться и стать плотными.

5. В это время приготовьте соус. Налейте половину сливок, добавьте весь сахар и все масло, в сотейник с толстым дном. На небольшом огне растворите сахар, затем поднимите температуру и доведите до образования пузырьков. Помешивайте, пока соус не станет гладким и густым, 3-4 минуты. Затем вмешайте остаток сливок.

6. Когда пудинги будут готовы, снова разогрейте соус. Полейте их горячим соусом и сразу подавайте. К этим пудингам также хорошо подойдет шарик ванильного мороженого.

СЪЕДОБНЫЕ ЦВЕТЫ

Фиалка
\la violette\

Если продолжать говорить о французских коктейлях, то есть еще одно изысканное сочетание — фиалковый Кир с шампанским, или Kir Impérial à la violette. Выбор этого ярко-фиолетового оттенка многозначительно подчеркнет вашу утонченность и знание горного региона, граничащего с Лазурным берегом, который французы называают l'arrière-pays. Стоит отметить, что я люблю именно такую живописную Францию — узкие извилистые улочки, старинные каменные покосившиеся дома, захватывающие виды на горы, долину и море. Там, над многолюдной Ниццей в направлении Канн, вокруг средневекового городка Ле Турретт, и растет этот нежный цветок с деликатным ароматом — фиалка Прованса.

Когда представится возможность, обязательно посетите это магическое место. И забронируйте заранее столик в звездном ресторане Bistrot Gourmand Clovis, жемчужине гастрономии. А еще, на входе в старую часть города, загляните в бутик Violettes de Tourrettes. Здесь вы найдете как парфюмерию с запахом фиалок, так и много чего съедобного из них же. Например:

- Фиалковый конфитюр
- Карамельную пасту с фиалкой
- Леденцы, драже, пастилки и конфеты Berlingots из фиалки
- Засахаренные цветки и чай с фиалкой
- ...а также то, что понадобится для приготовления коктейля — сироп или ликер из фиалки, который можно добавлять и в выпечку или мороженое.
- Помимо прочего, вы обнаружите и крепкий (45°) фиалковый Pastis на базе аниса.

Согласитесь, вот это фантазия на основе одного цветка!

ФИАЛКОВЫЙ КЕКС

Вам понадобится

220 г муки
1 пакетик (10 г или 1 ст ложка) разрыхлителя
60 г сахарной пудры
150 мл сливок
30 мл молока
3 яйца
40 мл фиалкового сиропа

Для глазури:
60 г сахарной пудры
2 ч. ложки фиалкового сиропа

Что делать

1. Разогрейте духовку до 180 °C.

2. Взбейте яйца с сахаром, пока смесь не побелеет. Постепенно добавьте муку, разрыхлитель, сливки, молоко и сироп из фиалки. Хорошо перемешайте тесто.

3. Застелите форму для кекса пекарской бумагой, смазанной сливочным маслом. Заполните тестом.

4. Поставьте в середину духовки и запекайте в течение 30 минут. Проверьте готовность шпажкой. Достаньте на решетку и остудите.

5. Приготовьте глазурь: в отдельной емкости смешайте сахарную пудру с сиропом из фиалки и несколькими каплями воды. Полейте глазурью кекс. Украсьте по желанию крошкой из фиалковых леденцов или засахаренными лепестками фиалки.

Лаванда
\crème brûlée à la lavande\

Наверное, это самое романтичное и фотогеничное растение. Я обожаю лаванду, ее блеклую, обволакивающую фиолетовую синеву. Поля до горизонта с одиноким деревом или покосившейся постройкой посередине... Бескрайние душистые лавандовые поля — один из символов Прованса.

Но оказалось, что и в мега-ухоженных английских садах можно найти лаванду, только немного другой разновидности. Не менее очаровательную, надо признать. А по соседству с ней другой уважаемый здесь цветок, чертополох (thistle), символ Шотландии.

А недавно я сделала географическое открытие: обнаружила на западе Лондона ботанический сад Kew Gardens и до сих пор нахожусь под впечатлением. Там столько всего растет необычного, мммм... В моем личном рейтинге Kew стоит на первом месте среди остальных замечательно ухоженных лондонских парков.

Но давайте вспомним про съедобный аспект: вы когда-нибудь употребляли лаванду в пищу? Если нет, это нужно срочно исправить! Например, попробовать лавандовый лимонад или... о Боже, Боже, лавандовый крем-брюле.

До тех пор, пока в одном из городков на Лазурном берегу Франции я не попробовала именно такой десерт с нежным тонким чарующим ароматом, я любила цитрусово-имбирный крем-брюле. Последний вариант, кстати, тоже очень вкусный. Но лавандовый шлейф, послевкусие запечатлевается в сердце навсегда. Причем, приготовить лавандовый крем-брюле совсем несложно.

ЛАВАНДОВЫЙ КРЕМ-БРЮЛЕ

Что делать

Для начала в течение 15 минут прогрейте, не доводя до кипения, 40 мл 30% сливок с 2 чайными ложками сухих цветков лаванды. Затем взбейте 3 желтка с 40 г сахара до белой пенистой массы. Процедите сливки, соедините с желтками и энергично перемешайте. Залейте смесь в небольшие креманки для выпечки и опустите в глубокий противень, наполовину заполненный водой. Отправьте в разогретую до 180 °C духовку на 20 минут. Крем-брюле готов тогда, когда центр еще слегка подвижен. Подержите его в холодильнике минимум два часа перед подачей.

ЛЕТНИЙ ПУНШ С СИРОПОМ ИЗ ЦВЕТОВ БУЗИНЫ

Вам понадобится

2 бутылки белого вина
300 мл имбирного вина
80 мл elderflower cordial
1 литр газированной воды
4 лайма, нарезанных тонкими кружками
3 персика, нарезанных дольками
большая горсть малины
лед
съедобные цветы для украшения (по желанию)

Что делать

Для такого количества жидкости подойдет 5-литровая стеклянная бочка-графин с краником, садовый стол и стулья, любимая музыка и несколько видов закусок. И дорогие друзья, конечно.

Квинтэссенция лета. Enjoy.

Сироп из цветов бузины
\elderflower cordial\

Вот ведь, поистине английское наслаждение! В окружении собственного сада, среди с любовью посаженных роз – напитки с elderflower прекрасно утоляют жажду и охлаждают в жару, этот сироп добавляет тонкие цветочные нотки в коктейли… Звучит, как реклама, а на самом деле так проявляется мой внутренний восторг.

Этим летом я фанатею по поводу elderflower. Раздобыв этот качественный сбалансированный цветочный сироп, я полюбила разводить его простой водой с большим количеством льда в пропорции 1:10. Другой базовый вариант – развести газированной водой, или яблочным соком, или слегка газированным яблочным соком.

Или… и здесь мы заходим на территорию коктейлей, с шампанским или проссекко. Или джином! Потому что в простоте рождается истина.

А теперь, внимание, 3 самых удачных, на мой взгляд, коктейля на основе elderflower:

- Elderflower cordial + огурец, мята и белое вино. Не знаю, что может сравниться с этой свежестью.
- Elderflower cordial + пара бутылок белого вина, газированная вода, персики, лайм, имбирь и горсть малины, и получится отличный летний пунш или сангрия для увеселения большой компании.
- И последний, «english garden cocktail» – это сочетание мяты, джина, лимонного сока, нашего главного героя – цветочного сиропа, льда и мутного яблочного сока.

ПРИКЛЮЧЕНИЯ ПРОВАНСА

Трюфели
\la truffe noire du Ventoux\

Мы каждый год с нетерпением ждем, когда начнется сезон черного трюфеля, le diamant noir, как еще его называют в Провансе, очевидно, за ценность и редкость этого благородного гриба, продукта совершенно магического. Сезон длится с ноября до начала марта, а самые ароматные экземпляры можно обнаружить с середины декабря по январь.

Мечтаю однажды зимой побывать в Carpentras, где в это время открывается один самых крупных трюфельных рынков во Франции. Чтобы его найти, надо довериться своему обонянию.

Представьте: 8.30 утра пятницы. Городок у подножия горы Ванту просыпается под туманным небом, скованным колючим морозцем. У кафе на площади, с дымящимися эспрессо в руках, собирается и начинает шумно дискутировать группа в беретах с загадочными котомками. По мере того, как вы приближаетесь к ним, воздух начинает мощно и стойко благоухать, приятно щекоча ваши ноздри и язык.

8.45. Мэтр церемонии, облаченный в черное снизу доверху, объявляет начало торгов. Остальные действующие лица активно перешептываются и жестикулируют, нюхают, трут и пристально разглядывают трюфели. Проходит всего четверть часа, и торговцы удаляются, забрав свои сокровища.

В этот момент сложно понять, что, собственно, происходит. Но не стоит расслабляться: за это короткое время, по сути, устанавливается цена, которая начинается от 800 евро за килограмм, а приличный трюфель весит 30–60 грамм. Дальше торговля перемещается обратно к кафе, где трюфели тщательно взвешивают и таким образом определяют толщину пачки банкнот, на которую обменивается котомка.

Было бы также замечательно побывать на охоте за трюфелем, организованной La Truffe du Ventoux, во время которой разыгрывается зверский аппетит, а потом вернуться на ферму к общему столу перед потрескивающим камином, к ужину с полностью трюфельным меню, от комплимента шефа до десерта.

Хочу предупредить: свежий трюфель хранится всего неделю, поэтому его надо успеть либо съесть, либо перевезти. Чтобы не случилось, как с нами в одной из поездок, когда пропах весь чемодан и холодильник в гостинице, а до дома — вот досада! — доехали только сморщенные и засохшие, потерявшие свою ценность грибы.

TRUFFLE MASH

Вам понадобится

1 кг крахмалистого картофеля
80 г соленого масла
70 г нежирной сметаны
1/2 ч. ложки сухого чеснока
20 г тертого пармезана
3 ст. ложки молока
от 1 ч. ложки трюфельного масла по вкусу
2 ч. ложки трюфельной стружки
соль и перец

Что делать

1. Отварите в соленой воде, слейте и истолките картофель.

2. Добавьте в него масло, сметану, чеснок, пармезан, по необходимости молоко. Продолжайте помешивать, пока пюре не станет гладким, но не переусердствуйте, чтобы оно не стало слишком липким и осталось воздушным.

3. Досолите и поперчите, а также добавьте трюфельное масло, начиная с 1 ч. ложки и постепенно увеличивая его количество по вашему вкусу, оптимально до 1 ст. ложки.

4. Вмешайте трюфельную стружку. Сразу подавайте.

Кавайонские дыни
\melon de Cavaillon\

Среди холодов так не хватает яркого и сладкого летнего солнца, — и тогда я вспоминаю о мишленовском ресторане в Кавайон. Этот городок в Верхнем Провансе известен небольшими дынями с ароматной оранжевой мякотью, привезенными туда из Италии на рубеже XII–XIII веков в новую Папскую резиденцию в соседнем Авиньоне. А как известно католический престол в это время перенесли во Францию, и похоже, Папы были большими любителями дынь.

Обожаю кавайонские дыни с прошутто, да и просто брать с собой нарезанными детям на пляж. Но однажды отправившись на разведку подальше от Экс-ан-Прованс, решительно не ожидала и была поражена оригинальным меню ресторана Maison Prévôt, где дыня в том или ином виде присутствовала в каждой перемене блюд — от закуски до горячего и десерта.

Меню «tout melon» от основателя ресторана, Жан-Жака Прево, переиздавалось более 40 раз, и каждый год до ухода на пенсию мэтр черпал вдохновение в этом необыкновенном основном овоще-фрукте, находя все новые и новые сочетания для более, чем ста рецептов. Давайте заглянем в один ароматный вариант:

- Entrée: розочка из свежей дыни с копченой пикшей в заливном из гибискуса и соусе из дынных семян
- Горячее на выбор: дыня в тажине из баранины с жареным миндалем или дыня в буйабесе из омара
- Десерт: пирожное с засахаренной дыней, миндальным бисквитом и меренгой, лимонное желе с вербеной

В этом волшебном месте мы также попробовали мягкий, но насыщенный дынный коктейль с анисом «melanis» и увезли домой пару бутылочек, одну подарили дорогому другу, а вторую смаковали серыми московскими вечерами и погружались в неповторимый теплый южный аромат.

Креативный кавайонский шеф поделился и одним простым, но заманчивым рецептом из своего репертуара.

ОБЖАРЕННЫЕ ГИГАНТСКИЕ КРЕВЕТКИ С ДЫНЕЙ

Вам понадобится

1 оранжевая кавайонская дыня весом 1 кг
12 крупных креветок gambas (15-20 см длиной)
специя cajun
сливочное и оливковое масло
1 лук-шалот
1 помидор
1 зубчик чеснока
свежие стебли цитронеллы (лемонграсс)

Что делать

1. Очистите креветки и приправьте их смесью специй cajun.

2. Приготовьте дыню — на ваш выбор, либо разделите на маленькие шарики с помощью специальной фруктовой ложки, либо нарежьте на кубики.

3. Сварите быстрый (минутный) бульон из панцирей креветок с добавлением лука-шалота, помидора и зубчика чеснока.

4. В большой сковороде обжарьте креветки на смеси оливкового и сливочного масла и отложите в другую посуду.

5. На том же масле после жарки креветок обжарьте дыню всего 2 минуты и тоже отложите.

6. Долейте в сковороду бульон и уварите его еще 2 минуты.

7. Разложите креветки по 3 штуки в 4 глубокие тарелки, полейте бульоном и расположите сверху шарики дыни.

8. Чтобы усилить вкус, тонко нарежьте цитронеллу и посыпьте ею бульон прямо перед подачей.

ПОЖАЛУЙ, ГЛАВНЫЙ ДЕЛИКАТЕС

Обжаренная фуа-гра
\foie gras de canard poêlé\

Долго выбирала иллюстрацию, смотрю на нее и непроизвольно сглатываю: поверьте, это ни с чем не сравнимое удовольствие — тающая во рту, нежнейшая обжаренная утиная печень, фуа-гра. Наверное, большинство из вас знакомо с распространенным вариантом деликатного паштета, который долго хранится и, как в нашем случае, ждет своего часа, привезенный вместе с луковым конфитюром из последней поездки.

Но в приближающиеся праздники хочу вас сподвигнуть попробовать и самостоятельно приготовить эскалоп из свежей цельной замороженной печени. Это очень просто! Стоит только набраться смелости.

Когда блюдо будет готово, сразу подайте его к новогоднему столу, и вы перенесетесь и «синхронизируетесь» с уникальной гастрономической культурой Франции. Я, к примеру, в такие моменты вспоминаю уютный традиционный ресторанчик Le Coup D'Fourchette в Теуль-сюр-Мер — малопосещаемый туристами городок дальше к западу от Канн рядом с горным массивом Эстерель, с небольшой лагуной и симпатичным пляжем.

Шеф-повар ловко справляется с кухней, а его супруга собирает и разносит заказы. Оба улыбчивы, и однажды, когда мы приехали к ним большой компанией с родителями, специально для нас повторили это свое коронное блюдо — обжаренную фуа-гра, которая тогда отсутствовала в меню дня. Это было душевно и незабываемо вкусно.

ОБЖАРЕННАЯ ФУА-ГРА

Что делать

Целую печень необходимо разрезать на кусочки 1 см толщиной, посолить и поперчить. Обжаривать ее нужно быстро, на топленом масле, до румяной корочки с обеих сторон, и сочетать с любым сладким соусом на ваш вкус. Например, можно приготовить светлую карамель из сахарной пудры, дегласировав ее бокалом crémant de Bourgogne, довести до кипения, дать карамели растаять и оставить в тепле. Выложить фуа-гра на теплую тарелку, полить карамелью. Сервировать можно также с пряным хлебом с вашим любимым конфитюром. Кроме лукового, на мой взгляд, подойдет и инжирный, также интересен ежевичный и пикантный грушевый.

Террин из фуа-гра
\la terrine de foie gras\

Мне казалось, написав об обжаренной фуа-гра, я перевыполнила свою программу. Но после того, как прошла Национальная неделя фуа-гра во Франции, я была под впечатлением, и не могу молчать. Это было феерично! Праздник объединил множество ресторанов по всей стране, и шефы соревновались в своем умении создавать шедевры из этого необыкновенного продукта.

Сегодня поговорим о традиционном варианте: террине из фуа-гра. Это то, как мы ее обычно представляем. Но одно дело купить заветную баночку в супермаркете, а другое — попробовать это произведение искусства в ресторане.

Вспоминаю свой первый раз: мы заказали фуа-гра в ресторане Ma Cuisine в Боне, а нашли его по совету хозяина нашей гостиницы, которая хотя и не отличалась особой звездностью (в том году мы еще были студентами), но тем не менее, была милейшей и очаровательной. Ее первый этаж был обставлен так, как будто это и не гостиница вовсе, а теплый уютный дом, под столом ресепшена спала большая добрая собака, а мимо деловито прогуливался кот.

Так вот, все блюда и вино в том ресторане стали для нас настоящей находкой. Особенно сильное впечатление произвел террин из фуа-гра. Такой скромной неуловимой нежности я просто не ожидала. Вкус можно еще определить, как сливочно-кремовый, а текстуру — как необыкновенно гладкую и приятную, мягкость, которую хочется долго смаковать во рту. И что важно, подача этого блюда может быть абсолютно минималистичной, как тогда, но толщина слайсика — обязательно щедрой. Иначе сложно прочувствовать кайф.

Интересно было бы сделать такой террин самостоятельно?

Я долго изучала вопрос, консультировалась у французов и выбрала рецепт известного звездного шефа, Joël Robuchon, которого, к сожалению, уже нет на этом свете. Рецепт простой на первый взгляд, но процесс приготовления достаточно долгий: предусмотрите для этого целый день. Главный секрет в том, чтобы ни в коем случае не добавлять алкоголь.

ТЕРРИН ИЗ ФУА-ГРА

Что делать

1. Начать нужно с той же свежей печени (600 г), а дальше удалить из нее прожилки, разрезать на кусочки по 2,5 см и уложить в глубокую емкость в очень холодную воду, в которую добавить половину столовой ложки крупной соли, накрыть пленкой и поставить в холодильник на 3 часа.

2. Потом смешать 8 г соли, 1/4 чайной ложки молотого перца, 1/2 ч. ложки сахара, 1/4 ч. ложки смеси «4 специи» (корица, имбирь, гвоздика и белый перец), щепотку молотого мускатного ореха.

3. Достать фуа-гра и обсушить на бумажных полотенцах, равномерно распределить специи и выложить в керамическую посуду для запекания, опять накрыть пленкой и вернуть в холодильник еще на 4 часа. Достать и тщательно потрясти, чтобы печень распределилась ровным слоем.

4. Нагреть духовку до 120 °C и вскипятить воду. Поставить емкость с фуа-гра в блюдо, большее по размеру, наполнив его наполовину горячей водой. Запекать 50 минут.

5. Достать террин и слить лишний жир в отдельную посуду, придерживая фуа-гра лопаткой, чтобы она не ускользнула. Аккуратно выложить жир обратно верхним слоем и дать остыть при комнатной температуре. После этого накрыть крышкой и поставить в холодильник.

ЛЕГЕНДАРНЫЕ СУПЫ

Буйабес
\la bouillabaisse marseillaise\

Это не просто рыбный суп, популярный во всем мире, а необыкновенно аутентичный (в некоторых местах неприлично дорогой!) пункт меню портовых ресторанов Марселя. Даже нет, это самое настоящее священнодейство: ведь его приготовлению и сервировке на глазах изумленных зрителей уделено максимум внимания. Важность момента — в ловкости рук фокусника-официанта, когда он разделывает рыбу, выкладывает на тарелки и выливает на нее густой ярко-оранжевый шафрановый бульон.

Причем, единственного оригинального рецепта не существует. Каждый марсельский повар и хозяйка могут поспорить, что им доподлинно известна технология и секретный ингредиент. А историки кулинарии находят упоминания «рыбного рагу в кипящем бульоне» аж в VI веке до нашей эры и даже в древнеримской мифологии. Понятно, что в этой ситуации невозможно взять на себя смелость высказывать какое-то определенное мнение, я только делюсь впечатлениями и чувством сопричастности волшебству.

Итак, бронируем обеденный стол на 7 человек в культовом ресторане Мишель. Нам нужно в этот многоликий город по делам, но мы догадываемся, что обед станет кульминацией дня и чуть ли не всего отпуска. Появляемся, располагаемся, открываем меню и теряем дар речи от цен. Буйабес здесь — центральное блюдо, высоко чтимое и притягательное, и раз уж так вышло, придется остаться, предаться удовольствию и заплатить.

Дальше начинается настоящее шоу. Приезжает приставной столик на колесиках, разного рода рыбу — плотную и нежную — разделывают сразу трое: импозантный и приветливый хозяин или распорядитель, его помощник в матроске и темнокожий официант в ослепительно белом костюме. Скорее всего, к этому моменту вы уже наелись сухариков с айоли и почти потеряли самообладание, и, наконец, пробуете этот божественно ароматный бульон, ради которого пришли. И понимаете, что такое наслаждение стоит своих денег.

Чтобы должным образом прочувствовать масштаб и значимость буйабеса, цена за его порцию в ресторане «Мишель» в Марселе — 80 евро. Возможно ли представить, что такое же чудо можно сотворить на своей кухне за гораздо меньшие деньги?

Честно говоря, я и не пытаюсь воспроизвести буйабес, его оригинальную сложносочиненную версию, самостоятельно. Для правильного результата мне не хватает качества и разнообразия свежевыловленной рыбы и атмосферы средиземноморского города, влюбленного в свою традицию и колорит. Но все же, предлагаю воспользоваться не менее пленительным упрощенным вариантом:

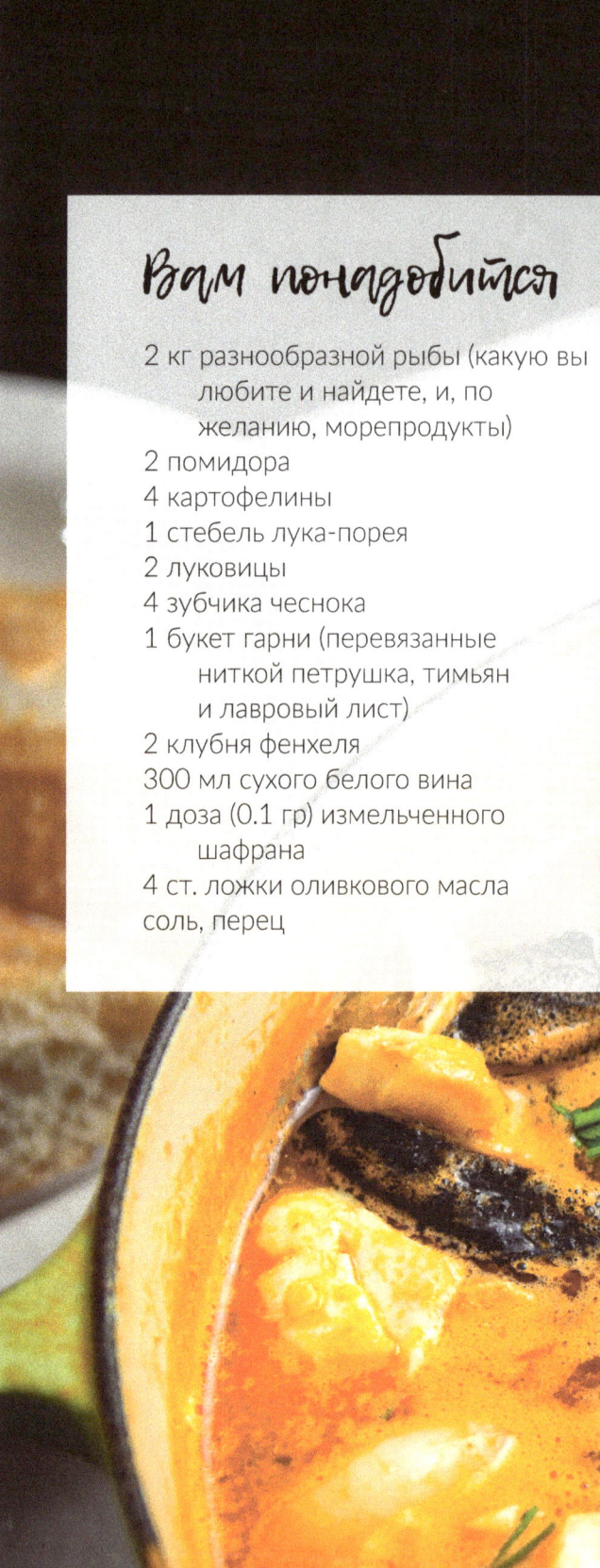

Вам понадобится

- 2 кг разнообразной рыбы (какую вы любите и найдете, и, по желанию, морепродукты)
- 2 помидора
- 4 картофелины
- 1 стебель лука-порея
- 2 луковицы
- 4 зубчика чеснока
- 1 букет гарни (перевязанные ниткой петрушка, тимьян и лавровый лист)
- 2 клубня фенхеля
- 300 мл сухого белого вина
- 1 доза (0.1 гр) измельченного шафрана
- 4 ст. ложки оливкового масла
- соль, перец

ПРОСТОЙ БУЙАБЕС

Что делать

1. Очистите и нарежьте кубиками картофель. Очистите, промойте и нарежьте фенхель и лук-порей.

2. Очистите и мелко нарежьте лук и чеснок. В большом сотейнике разогрейте 2 ст. ложки оливкового масла и поджарьте на нем лук и чеснок, а также измельченные помидоры, картофель, фенхель и лук-порей.

3. Добавьте рыбные головы, хвосты и хребет. Рыбное филе отложите. Также влейте белое вино, воду и положите букет гарни. Приправьте солью и перцем, а также щепоткой шафрана. Варите 30 минут.

4. За это время порежьте рыбное филе на куски поменьше и замаринуйте в 2 ст. ложках оливкового масла с остатками шафрана.

5. Процедите готовый бульон и перелейте его в большую кастрюлю. Доведите до кипения.

6. Аккуратно, по одному, опустите в кастрюлю куски рыбы, начиная с более плотной.

7. Убавьте огонь и готовьте еще 15 минут. Достаньте рыбу и сервируйте отдельно от бульона. Сопроводите кусками поджаренного на гриле багета, а также чесночным соусом rouille.

Луковый суп
\soupe à l'oignon\

У меня недавно попросили идеальный рецепт лукового супа. Потому что однажды попробовав, влюбляешься в него навсегда, но потом замечаешь нюансы: в разном исполнении либо кислинки больше, чем нужно, либо тоста и сыра недостаточно, либо в целом немного водянисто, что-то не то.

А то первое безумное впечатление, которое нахлынуло и захлестнуло, лишь только вам принесли дымящийся горячий горшочек супа... Где это произошло? Возможно, в одном небольшом традиционном туристическом ресторане Монмартра с красно-белыми клетчатыми скатертями, низкими потолками со старинными балками, и щедром, и одновременно недорогом?

Не помню точно место, ситуацию, но остро ощущаю, как спешу скорее поглотить содержимое, обжигаюсь и причмокиваю: этот луковый суп — насыщенный, знаковый, оригинальный и незабываемый. И я вернусь к нему снова и снова.

А теперь, обещанный рецепт. По его поводу я консультировалась с моей любимой учительницей, француженкой Мирей. Я знаю ее уже 15 лет и каждый раз восхищаюсь, как вкусно она готовит.

ЛУКОВЫЙ СУП

Вам понадобится

4 крупные луковицы
50 г сливочного масла
1 ст. ложка растительного масла
1 ст. ложка муки
250 мл сухого белого вина
1 л. воды или куриного бульона
4 ломтика белого хлеба
100 г тертого сыра comté
соль, перец

Что делать

1. Очистить и нарезать лук и обжарить его в смеси сливочного и оливкового масла до золотистого цвета.

2. Всыпать и размешать муку, влить белое вино и затем кипящую воду, приправить солью и перцем.

3. Накрыть крышкой и готовить 20 минут на маленьком огне.

4. Поджарить хлеб на гриле. Разложить его на дно четырех горшочков для запекания, залить супом, посыпать тертым сыром и отправить в духовку, чтобы сыр растопился и подрумянился.

\cullen skink\
Шотландский суп
из копченой трески

Прошел ровно год после нашей поездки в Шотландию, где чувства кипели, и открытия переливались через край. Середина аномально жаркого августа, когда в Лондоне было +40, а в шотландском Ст. Эндрюс на пляже целых +27. Что оставалось делать? Мы срочно обзавелись плавками и бросились купаться в обжигающе холодное, суровое Северное море. Как оказалось, в любом климате бывают исключения.

Большой неожиданностью тогда же было обнаружить весьма незаурядный шотландский суп из копченой трески, cullen skink. Затем встретить его снова и снова, и каждый раз поражаться, насколько он хорош. Вернуться на его поиски еще раз в феврале и влюбиться опять. Рассказывать о нем вдохновенно друзьям. Вынашивать план, как его адаптировать и сделать более доступным.

Почему-то меня поверг в ступор тот факт, что не везде можно найти копченую треску. Дальше выяснилось, что речь идет не просто собирательно о треске, cod, а точнее о пикше, haddock. Особенно сложно встретить ее свежайшую, только что из коптильни из легендарного городка на побережье. Пикшу нельзя заменить красной рыбой или вездесущей скумбрией. Самым близким аналогом, наверное, был бы копченый хек. Но даже если и так, его найти тоже не так-то просто.

Все эти размышления сопровождались непрерывными разговорами с любителями шотландской кухни, а также с теми, для кого копченая пикша недоступна. Прошел год, а я все еще пребывала в смятении. И тут меня осенило: будь что будет, у каждого может быть свое представление о сортах рыбы и особое расположение к ним. Главное, чтобы она была горячего копчения, и результат не заставит себя ждать.

Точно так же, как и меня, этот суп обязательно вас очарует. К тому же он настолько прост в приготовлении, даже удивительно, что производит такое сложное вкусовое впечатление.

CULLEN SKINK

Вам понадобится

1 ст. ложка сливочного масла
1 луковица, по желанию также
1 стебель лука-порея
400 г картофеля (2 средних клубня)
250 г пикши горячего копчения (замените на любую рыбу по вашему вкусу)
250 мл жирного молока
небольшой пучок шнитт-лука или петрушки

Что делать

1. Мелко порежьте лук и обжарьте его в сотейнике на среднем огне на сливочном масле, 7 минут, до прозрачности.

2. Очистите и порежьте мелкими кубиками картофель, добавьте его в сотейник. Влейте 300 мл воды, доведите до кипения, немного убавьте огонь и варите 10–15 минут. В это время положите пикшу в отдельную сковороду и залейте молоком. Готовьте 5 минут до мягкости. Переложите рыбу на тарелку с помощью шумовки, сохраните молоко. Как только рыба остынет, разорвите ее мякоть на маленькие кусочки, удалите косточки.

3. Добавьте молоко и разобранную рыбу в сотейник с луком и картофелем, готовьте еще 5 минут. Посолите и поперчите по вкусу. При подаче посыпьте мелко нарезанной зеленью.

10

ВЕНЕЦ ТОРЖЕСТВА

Рождественское полено
\bûche de Noël\

Из года в год, погружаясь в приятную новогоднюю суету, мы бегаем и покупаем подарки, продумываем праздничное меню. Интересно, что знаковое и обязательное блюдо для французов — это не салат, как у нас, а десерт — рождественское полено. Остальное наполнение стола может варьироваться, как угодно, а вот десерт — нет.

Традиция восходит к XII веку, когда под Рождество специально заготавливали красивое свежесрубленное полено, часто из вишневого дерева, которое поджигали, и оно тлело и согревало всю ночь. Постепенно этот символ переместился в меню, но в домах, где есть камин, обычай сохранился.

А ведь нет ничего чудеснее потрескивающих в камине углей. 20 лет назад, на первом свидании с супругом, нам удалось определить формулу счастья: загородный дом с камином, соснами на участке и окнами на закат. Пока этот набор еще не до конца осуществился, но каждый раз, когда устраиваешься у огня, соприкасаешься с мечтой, и жизнь обретает смысл.

Но вернемся к десерту: во Франции по его поводу устраивается настоящая битва шефов, которые стремятся перещеголять друг друга в мастерстве, сочетании ингредиентов, стиле, дизайне и подаче. По сути, это рулет, часто шоколадный, но далеко не всегда. Вариантов так много, что глаза разбегаются. Например, из актуального:

Медовая меренга и миндальный бисквит, вдохновленные нугой из Монтелимар, о которой я уже писала.

Гигантский эклер с леденцами Берлинго в традиционно бело-красно-зеленых цветах, ганаш из белого шоколада и фисташек с жидким малиновым центром.

Ореховый бисквит с каштановым медом, хрустящая ореховая корочка и еще один вид рулета с цитрусовыми и тимьяном.

Сливочный ванильный ганаш с текучим карамельным центром, мусс из маскарпоне и бисквит, пропитанный ванильным сиропом.

Экзотический вариант из кокосового мусса со вкусами манго и маракуйи.

Каштаны и груши — баланс фруктового вкуса и каштановой нотки.

Операция:
СПАСТИ РОЖДЕСТВЕНСКИЕ ПОЛЕНА

Это было настоящее приключение и совсем не успешный успех.

Я пообещала испечь два рождественских полена для Французского кружка Хайгейт общества. Нашла рецепт на французском, который показался универсальным. Тогда как, если вы знаете, существует масса разнообразных прочтений этого торта. Каждый год именитые повара Франции упражняются в мастерстве и желании удивить новизной. Я же скромно решила повторить самый расхожий вариант.

Сейчас я сижу на рождественском празднике, на заседании кружка, рядом стоят мои полена. Их торжественно откроют в последний момент после песнопений. Я очень волнуюсь. Потому что я с содроганием вспоминаю, через что прошла.

Начала печь коржи вчера утром, продолжала возиться с кремом после обеда, и вдруг оп! Случилось непоправимое. Крем беспомощно растаял и предательски потек. Вернуть его в кондицию, поместив в холодильник, не вышло. Расстройству моему не было предела.

Тем временем вечерело, магазины постепенно закрывались, и нужно было что-то резко менять в моем понимании рождественского полена. Я храбро приобрела килограмм маскарпоне, нашла в закромах сгущенку, добавила ванильный кофе во внутреннюю прослойку и растопила шоколад во внешнюю.

Мой дебют вот-вот состоится. Песнопения закругляются. Скоро моим поленам вынесут вердикт.

Ооо, Боже, все получилось! Меня наградили всеми возможными комплиментами: «Magnifique!», «Délicieux!», «Excellent!»

Надо отдать должное оригинальному рецепту, коржи легко и быстро пекутся и сворачиваются тоже просто, если накрыть только что испеченный пласт влажным полотенцем.

Вам понадобится

Для коржа:
5 яиц
100 г муки
100 г сахара
1 пакетик (1 ст. ложка) ванильного сахара

Для крема:
750 гр маскарпоне
1 банка сгущенки
100 г шоколада 70%
1 ст. ложка растворимого кофе

BÛCHE DE NOËL

Что делать

1. Взбейте 4 желтка с сахаром и ванильным сахаром до гладкой массы. Добавьте одно целое яйцо и размешайте пару минут лопаткой. Постепенно добавьте муку. Взбейте оставшиеся белки до крепкой белоснежной пены и аккуратными движениями вмешайте в смесь.

2. Стандартный прямоугольный противень застелите пекарской бумагой, смажьте ее сливочным маслом. Распределите тесто, поместите в разогретую до 200 °C духовку на 10 минут. Слегка смочите кухонное полотенце. Достаньте готовый корж, поставив противень на холодную поверхность, и накройте его этим полотенцем. Так он дальше легче свернется в рулет.

3. Маскарпоне смешайте со сгущенкой. Разделите получившийся крем на части: ⅔ — на внутреннюю прослойку, туда добавьте кофе. И ⅓ — соедините с растопленной в совсем небольшом количестве воды плиткой шоколада.

4. Смажьте корж светлым кофейным кремом и сверните его в рулет, положите швом вниз. Сверху смажьте полено шоколадным кремом, имитировав рифление полена. Дополнительно декорируйте по желанию.

Рождественская утка

Которое по счету Рождество в Лондоне, уже не так важно. Мы успели впечатлиться световым шоу-инсталляцией в усадьбе Kenwood недалеко от дома. Гуляли, когда стемнело, по аллеям парка, которые переливались лазерными лучами. Погода испортилась, — зима на улице, и под ногами чавкала грязная жижа. Но вместо того, чтобы расстраиваться, мы с детьми жарили на огромном костре маршмеллоу, ели блинчики и пили горячий шоколад. Изрядно проветрились, повеселились и завалились домой дружной компанией. Голодные опять.

Пора было приготовить рождественский ужин. Все находились в праздничном возбуждении. Главное блюдо ожидало своего торжественного выхода.

Пусть зимы летят, мелькают праздники, а центральное место на столе у большинства занимает все-таки птица. Я, например, предпочитаю упитанную фермерскую утку на 6 персон. Гусь для меня тяжеловат, индейка суховата. Однако, что верно, какую бы птицу вы ни выбрали, включая курицу, она должна привлекать к себе максимум внимания и вызывать слюноотделение еще на подходе из духовки на обеденный стол.

Можно, конечно, изощряться со сложной начинкой и украшениями, но мне кажется, что в простоте рождается истина, и главное — это эффектный вкус. Поэтому рецепт утки с апельсиновым мармеладом — мой хит на Рождество! И я охотно делюсь им с вами:

ЗАПЕЧЕННАЯ УТКА В АПЕЛЬСИНОВОЙ ГЛАЗУРИ

Что делать

1. Накануне вечером засолите утку, оберните в пленку и поставьте на ночь в холодильник.

2. Разогрейте духовку до 240 °С. Смажьте утку пряными специями, например, Garam Masala. Положите грудкой вниз и запекайте 15 минут.

3. Снизьте температуру до 170 °С. Переверните грудкой вверх и запекайте еще 1 час.

4. Смешайте ½ банки апельсинового мармелада (конфитюра), 2 ст ложки бальзамического крема и 2 ст ложки оливкового масла. Нарежьте поперечными кружками 2 апельсина.

5. Достаньте утку, смажьте ее приготовленной смесью, вокруг разложите апельсины. Верните в духовку еще на 1 час при тех же 170 °С.

6. Сразу подавайте. Это нереально вкусно.

11

СКАЖИТЕ: «СЫЫЫР»

ИДЕАЛЬНЫЙ РЕЦЕПТ
фондю из Савойи
\la fondue savoyarde\

Представьте, что вы оказались в зимней сказке в Савойе — живописном горном регионе на востоке Франции. Вы гуляли целый день, пропитались хрустящим морозным воздухом почти до головокружения, и вот наконец добрались до своего теплого шале. В камине разведен огонь, тихо потрескивают поленья, яркие всполохи отражаются в ваших счастливых глазах. Вы насытились происходящим и порядком устали, и у вас разыгрался зверский аппетит.

Как раз для таких случаев горные жители и придумали это сытное согревающее блюдо — сырное фондю. Историки спорят, откуда оно родом, и многие настаивают, что все-таки из соседней Швейцарии. Как бы то ни было, фондю — отличное завершение медитативных зимних вечеров.

ФОНДЮ

Что делать

Натертый или нарезанный мелкими кубиками сыр в разных пропорциях — традиционно это: Comté vieux (конте 400 г), Beaufort (бофор 400 г) и Emmental de Suisse ou de Savoie (эмменталь 200 г) — растопите в специальной кастрюльке с подогревом, которая называется le caquelon. Но вначале положите в кастрюлю раздавленный зубчик чеснока, влейте 250 мл белого сухого вина и дождитесь, пока вино слегка закипит. После этого добавьте сыр небольшими порциями, постоянно помешивая, пока он не растает. В конце разведите молотый мускатный орех (довольно много: 2 чайные ложки на это количество сыра) еще в 50 мл вина, добавьте в сыр и снова размешайте.

Фондю не только согревает, но и объединяет: за столом собираются друзья или большая семья (кастрюльки хватит на 6 человек), и при помощи шпажки каждый макает в общую кастрюлю с сыром кусочек хлеба. Блюдо сопровождают белым вином и душевными разговорами, и градус внутри сильно превышает температуру на улице.

Знаете, что сделать с сыром, если он остался на дне кастрюли? Вот отличный лайфхак: очистите и раздавите лук-шалот, чтобы добавить вкуса, разбейте одно сырое яйцо и влейте рюмку коньяка, поперчите и готовьте, помешивая, пока масса по консистенции не будет напоминать омлет. Доешьте остатки, точно так же макая в кастрюлю кусочки деревенского хлеба.

Моя находка: сыр Морбье \morbier\

Хочу рассказать вам про один очень интересный сыр — Морбье. Это сыр с изюминкой и историей, и с благородным нетипичным ароматом.

Для меня самые экспансивные в плане запаха — это некоторые датские сыры, которые с трудом вообще можно довезти, — они заполняют своим зловонием весь чемодан и потом долго и упорно доминируют над всеми остальными продуктами в холодильнике. Или такие же резкие, но не по запаху, а по вкусу сыры с голубой плесенью. Тем не менее, и тех, и других отличает особая притягательность, и у них немало поклонников. Морбье же интересен тем, что его вкус едва уловим, он кремовый. При этом аромат у него достаточно мощный, особенно у состаренного. Сыр-загадка.

Морбье родом из маленькой одноимённой деревни во французском горном регионе Франш-Конте. Его легко можно узнать по горизонтальной полосе из древесной золы посередине. Раньше сыровары брали вечернее прессованное молоко, покрывали его пеплом, а на утро добавляли свежую порцию. Сейчас эта прослойка часто — дань традиции: для обеих частей используют одно и то же молоко.

Конечно, по поводу таких сыров случаются самые разные, подчас противоположные, оценки и впечатления. Некоторым может показаться, что сыр испорчен. Но вот и нет! Попробуйте, как и мы, открыться неизвестности и прочувствовать эти землистые, животные нюансы. Вас удивят ваши ассоциации и нахлынувшие эмоции. Мне, например, показалось, что я очутилась либо в глубоком заплесневевшем винном погребе, либо на скотном дворе.

Как и другие сыры, Морбье нужно заблаговременно, минимум за полчаса, достать из холодильника. А потом пробовать одним из первых из сырной тарелки, чтобы уловить это сочетание крепости и нежности. А ещё Морбье – почётный ингредиент супер-сытного блюда под названием «morbiflette». Это разновидность традиционного «tartiflette», для которого обжаривают лук с беконом и отварным картофелем, а потом соединяют и допекают с сыром, пока он не расплавится. Идеально сочетается с белым вином из соседнего региона Jura.

ТАРТИФЛЕТТ

Если подробнее, то для очень сытного традиционного блюда тартифлетт на 6 человек

Вам понадобится

1.5 кг легко разваривающегося картофеля
500 г копченого бекона
3 луковицы
2 ст. ложки сметаны
100 мл сухого белого вина
1 целая головка сыра reblochon
соль, свежемолотый перец

Что делать

1. Помойте и сварите картофель в мундире в подсоленной воде, но не до конца: он не должен полностью развариться, а остаться достаточно крепким.

2. Очистите лук и нарежьте его тонкими полукольцами.

3. Поджарьте бекон в сотейнике до того момента, как выделится жир. Добавьте к нему лук и обжарьте его до прозрачности. Влейте белое вино и выпарите жидкость, 5 минут. Добавьте сметану и также уварите соус, еще 5-6 минут.

4. Очистите от кожуры картофель и нарежьте его кружками средней толщины (от 0.5 до 1 см). Смешайте с поджаркой. Дополнительно поперчите.

5. Выложите получившуюся массу в большую емкость для запекания. Разрежьте головку сыра пополам на два круга и разместите их сверху на блюде рядом друг с другом. Вы можете, по желанию, избавиться от корочки сыра, а можете ее оставить, в ней много вкуса!

6. Запекайте 30-40 минут в предварительно разогретой до 190 °C духовке. Сразу же подавайте вместе с листьями салата или зелеными овощами.

МАРМЕЛАД ИЗ МАНГО И ЛАЙМА

Вам понадобится

6 манго
3 лайма
1 кг сахара

Что делать

1. Очистите, удалите косточку и нарежьте небольшими кубиками манго.

2. Добавьте сок и цедру лаймов.

3. Засыпьте сахаром. Оставьте настояться под пленкой или крышкой 6 часов.

4. Доведите до кипения и варите на среднем огне ~25 минут до несильного загустения. Когда мармелад остынет, он станет еще плотнее.

5. Разлейте горячий мармелад по подготовленным банкам, плотно закройте и переверните верхом вниз.

ROQUEFORT ИЛИ SHROPSHIRE BLUE
на завтрак?

Голубые сыры – это же целая достойная для обсуждения тема. Особенно, если вспомнить героиню Ванессы Паради в одном из фильмов, барышню весьма оригинальную, которая лакомилась рокфором на завтрак. Люблю сыр рокфор и мечтаю в одну из ближайших поездок оказаться в Овернь, чудесное место его происхождения в центральной Франции, бывали там?

Но мои обстоятельства таковы, что за любимыми аналогами рокфора я чаще всего отправляюсь в сырную лавку неподалеку от нашего дома в Лондоне. Это совсем маленький магазинчик, зато с какой душой подобраны сыры в микро-прилавке!

Однажды я искала там английский Stilton или итальянскую Gorgonzola Dolce. Но оказалось, что у первого был не сезон, он «поспевает» и раскрывается только к сентябрю. И радушная хозяйка предложила замену – мое открытие, которым с радостью с вами делюсь: Shropshire Blue.

Солнечно-желтый, при этом с крепко ароматной голубой плесенью, мягкий и очень свежий, он тогда сделал наш день.

К нему очень подошло чатни из пикантной груши. Хотя конфитюры для сыров — это целая отдельная тема. Традиционно с мягкими сырами сочетается варенье из инжира, и мой любимый способ его приготовить — добавить белое вино и лимонную цедру. Но недавно я поэкспериментировала и приготовила необыкновенно яркий и насыщенный вариант конфитюра: мармелад из манго с лаймом.

Это был взрыв вкуса и эмоций! Такой пронзительный аккомпанемент отлично подходит к сильным голубым сырам. Иногда стоит позволить себе это удовольствие!

Stinking Bishop: ОЖИДАНИЯ VS РЕАЛЬНОСТЬ

Говорящее название, подумала я, слушая своего остеопата, подкованную в разных отношениях англичанку. Она пламенно рекомендовала попробовать этот сыр. Я заинтересовалась, начиталась историй и пустилась на поиски, нашла довольно легко... и искренне удивилась результату.

Знаете, как бывает: одно впечатление яркое и сильное, а другое — его блеклое отражение.

Например, меня до сих пор поражают лондонские double deckers. От этих юрких красных автобусов невероятные ощущения, особенно на первых местах на втором этаже. Автобус бешено разгоняется на узких улицах, на поворотах накреняется, но выруливает вопреки законам физики, сбивает ветки и того и гляди врежется в столб. Яркость чувств: 9 по шкале до 10.

Так и с сырами, простите за аналогию: ожидания от вонючести прямо-таки вонючие, чтобы пахло непременно за километр, покорились все остальные продукты в холодильнике. А оказалось, что это не так. Вкус необыкновенный, элегантный, не терпкий, слегка с гнильцой. Скромный, скромнее камамбера, скажем. А аромат — невыраженный. 4 по шкале до 10.

Назвали этот сыр в честь одного колоритного персонажа по фамилии Bishop, фермера середины XIX века. Это был знатный выпивоха со сложным характером. Однажды он выстрелил в чайник, который стоял на плите, потому что тот действовал ему на нервы. Поэтому приставка stinking — скорее кличка, которая обозначает «противный», чем указывает на зловоние.

Но все-таки, если выбирать, то я определенно предпочту камамбер. Это вонючка помощнее, с возрастом и пущей спелостью наполненная и остротой, и благородной тухлостью. Обожаю его и люблю запекать вот таким оригинальным способом:

Вам понадобится

1 камамбер
4-5 зубчиков чеснока
несколько веточек свежего тимьяна
500 г молодого картофеля
8 кусочков тонко нарезанного бекона

ЗАПЕЧЕННЫЙ КАМАМБЕР

Что делать

1. Отварите в мундире картофель. Подсушите и остудите.

2. Поместите камамбер в небольшую емкость для запекания и надрежьте крест-накрест. Нашпигуйте сыр чесноком и тимьяном. Запекайте 20 минут при 180 °C.

3. Оберните беконом картофелины и обжарьте на сковороде-гриль с обеих сторон.

4. Как только камамбер запечется, незамедлительно приступите к трапезе, макая картофель в беконе на вилке или шпажке в расплавленный сыр.

ЗАНИМАТЕЛЬНАЯ ФРАНЦУЗСКАЯ ГЕОГРАФИЯ

\Côte d'Azur en hiver\
5 причин приехать
НА ЛАЗУРНЫЙ БЕРЕГ ЗИМОЙ

Мы влюбились и приезжали в Ниццу на лето почти каждый год, а однажды решили проверить, как там зимой. Это оказалось отличной идеей, и вот почему:

Обилие света, целых 300 солнечных дней в году, интенсивная синева неба и морская лазурь, за которыми сюда приезжали великие художники: Моне, Синьяк, Матисс, Ренуар и Пикассо. Не могу забыть, как мы принесли из булочной еще горячий багет и устроились с ним на берегу. Я была в темных солнечных очках. И если бы не прохладный бриз с моря, шарфик и легкое пальто, никогда бы не поверила, что на календаре зима.
А еще – восходы и закаты, которые выплескивают в море и над горами потрясающую палитру красок.

Мягкий климат: днем от 5 до 15 тепла. По ощущениям, правда, на улице теплее, чем дома. Хотя мы снимали внешне современный домик в чудесном месте в горах рядом с Грассом (сдаю название с тоской в сердце: Auribeau-sur-Siagne), отапливался он только в главной комнате чем-то вроде буржуйки на древесных гранулах. И выходить из душа было бррр как бодряще! Однако, некоторые храбрецы, включая мою французскую подругу, купаются здесь в море в январе (температура воды 13 градусов). Тем не менее, если вы не из таких и озябли без батарей, днем здорово греться на веранде кафе, потягивая любимый аперитив.

Буйная зеленая растительность, пальмы и экзотические растения, привезенные со всех концов света, отлично здесь прижились. Советую посетить микро-городок Èze, прилепившийся к отвесной скале, и подняться на самый верх, в сад, откуда открывается умопомрачительный вид на море. Еще безумно красиво на Вилле Ротшильдов в Saint-Jean-Cap-Ferrat. Она открыта для посещения.

В разгаре **сезон цитрусовых** – вас будут преследовать ароматы и яркость лимонных и апельсиновых деревьев – украшение зимы со столицей в Menton. В феврале там организуют праздники лимонов.

А также **сезон мимозы** – эти ультра-желтые пушистые гроздья никоим образом не похожи на зиму, а стойко ассоциируются с весной. Столицей мимозы считается городок Mandelieu-la-Napoule, в котором, как вы догадались, тоже есть свой праздник.

Воспоминания о праздниках лимонов, тем временем, переносят из охристого французского побережья на хмурое английское. Вокруг домика рядом с песчаным пляжем, который мы сняли на длинные выходные, бушует непогода: гнутся от шквалистого ветра деревья, и хлещет в окна дождь. Не самая удачная поездка, как могло показаться, если бы не лимоны, сахар, масло и желтки, из которых я взялась приготовить лимонный курд.

Все очень просто: однажды сделав лимонный курд самостоятельно, уже невозможно соблазниться покупным. Всплеск вкуса и свежести из маленькой баночки переносит обратно в южный город, и аромат доводит до головокружения.

Вам понадобится

цедра 3 лимонов
100 мл свежего лимонного сока
200 г сахара
6 желтков
120 г холодного сливочного масла

ЛИМОННЫЙ КУРД

Что делать

1. Отделите желтки от белков. Для лучшего результата протрите желтки через сито.

2. Натрите цедру лимонов и хорошо перемешайте ее с сахаром. Выжмите лимонный сок.

4. В небольшом сотейнике взбейте желтки, добавьте сахар. Продолжайте взбивать, пока масса не посветлеет. Постепенно введите лимонный сок.

5. Поставьте на маленький огонь. Взбивайте, не останавливаясь, пока масса не загустеет и не начнет пузыриться. Не спешите увеличивать огонь, т.к. яйца могут свернуться. При этом температура должна быть достаточной, чтобы сгустить курд.

6. Снимите с плиты, добавьте порезанное кубиками холодное масло, хорошо перемешайте. Для особой гладкости процедите курд через сито.

7. Переложите в банку /емкость с плотно закрывающейся крышкой. Накройте пленкой так, чтобы она касалась поверхности курда, во избежание образования корочки.

8. Остудите 2 часа при комнатной температуре. За это время курд продолжает сгущаться. Храните в холодильнике не более 10 дней.

Франция навсегда

Сейчас я сделаю немыслимое, что запрещала себе последние пару лет. Сравню несравнимое: Англию и Францию.

Мы наконец доехали до рая. После долгих лет отсутствия, всего на неделю детских каникул. Утро с косыми мягкими солнечными лучами в гостиной, в самом центре Фонтенбло. В окне на изгороди через дорогу тот же мох, что окружал меня и в Англии. Но нет, все-таки не тот! Здесь он глубже и пышнее, хотя в это сложно поверить, но я эксперт по мху, и ответственно это заявляю.

И даже скошенная трава в замке неподалеку пахнет по-другому: отдает легкой горчинкой в дурмане свежести, тогда как то же самое в Гайд-парке в Лондоне не менее притягательно, но более сухо и терпко. А дымок из многочисленных каминов в каменных домиках симпатичных деревень здесь более сладок и упоителен, как облачко, чем из редких труб большого города, в который нам предстоит вернуться.

Что говорить о еде, если и весна теплее, и сердце звонче? С первого хруста багета в обычном сэндвиче на заправке по дороге из Парижа решается ваша судьба: это принципиально другой вид хлеба, нежели английский. Вы попадаете в омут с головой от свежести и яркости всех ингредиентов, ветчины, листьев салата, яиц. А это простая остановка на кофе. Что же будет дальше?

А дальше — больше. Обычная brasserie на площади, где вы не ожидаете изысков, но самый ординарный салат с фуа-гра и уткой вас моментально заводит и взвинчивает. Настолько, что зажигаются счастьем глаза.
А завтрак из продуктов из соседнего супермаркета длится не менее двух часов, потому что этот сыр и этот, и свежайший jambon breton à l'ancienne, и снова головокружительный багет. Понимаете меня?

Даже обед в столовой замка был приготовлен настолько хорошо, что я потеряла дар речи. Это такое место, знаете, где на подносе в конце дня собираешь то, что остается на витринах. Но содержимое удивляет залпом: цитрусовый мусс, огуречное пюре, нежно засоленный лосось, тарталетка-вафля с травами в тесте.

Что я хочу сказать: мне нужно срочно спасаться бегством и возвращаться в страну, где так ценно чувство вкуса, где нереальные продукты и блюда, которые потом страстно обсуждаются. Где я нахожу кулинарные книги, как эта последняя про конфитюры, от перелистывания которых невольно составляешь план на год вперед.

Вот, к примеру, рецепт лукового конфитюра оттуда.

Франция вдохновляет, определенно, n'est-ce pas?

ЛУКОВЫЙ КОНФИТЮР

Вам понадобится

1 кг репчатого лука
100 г сливочного масла
200 г сахара
250 мл красного вина
100 мл винного уксуса
50 мл черносмородинового ликера (crème de cassis)
соль, перец

Что делать

1. Очистите и тонко нарежьте лук.

2. Растопите масло в сотейнике на слабом огне. Добавьте лук и обжарьте его, не прибавляя огонь, в течение 10 минут. Посолите, поперчите и добавьте сахар. Продолжите готовить под крышкой на очень слабом огне еще 30 минут, часто помешивая, чтобы лук не пригорел.

3. Влейте красное вино и уксус. Готовьте еще 35–40 минут без крышки, до полного испарения жидкости. В конце для аромата добавьте crème de cassis.

4. Перемешайте конфитюр последний раз, разложите по примерно 3 банкам по 350 г. Храните в холодильнике и используйте в течение 3 недель (из-за наличия в составе масла).

ШОТЛАНДСКИЕ КАНИКУЛЫ

Шотландия
\une semaine en Écosse\

Девочка моя под бочком, малыш и супруг рядом через проход. Мы едем быстрым поездом обратно домой из Эдинбурга в Лондон.

Впечатления этой недели спружинились и отскочили как минимум на полгода вперед.

Мы были постоянно в пути, даже тогда, когда решили отдохнуть день в городе базирования. Я пребывала в состоянии легкой восторженности. Когда я засыпала, дрожали ресницы. Среди дня часто хотелось прилечь, потому что то, что наяву, казалось красочным сном.

Тем временем за окном мелькали многочисленные овечки, задувал глубоко в легкие ароматный морской ветер. Было то жарко, то дождливо и холодно.

- Хмурая столица, умноженная на сумерки, и звуки фестиваля вчера.
- Одна древняя крепость на скале и другая, отреставрированная, тоже с историей, от которой глаза округляются и горят.
- Морепродукты и рыба, достойные восхищения.
- Высокогорная корова с лохматой челкой, само очарование.
- Вискокурня — старейшая действующая, стильная и благородная также и на вкус.
- Детские развлечения, включая научный музей, из которого детки никак не хотели уходить.

Всего и не перечислишь. И я так же, как дети, не хочу просыпаться, покинуть тот цветной сон. Не хочу, чтобы он исчез и развеялся, как то шотландское горное облачко, в котором я гуляла, как в забытьи.

\haggis écossais\
Хаггис,
или по Шотландии на ручнике

В жизни случаются такие приключения, когда коренные неаполитанцы отправили вас в, по их словам, лучшую местную пиццерию. И вы идете по и без того узкой дальше скукоживающейся улице, потом продираетесь через развешенное белье. Находите искомое заведение, которое скорее не ресторан, а открытая кухня с одним-двумя пластиковыми столами. Вы шокированы, но присаживаетесь. И тут вам приносят пиццу, которую вы не ели никогда, и в сравнении с которой будут неизменно проигрывать все остальные.

Это было краткое вступление к моим шотландским гастро-поискам идеального хаггис, их национального мясного блюда. У меня была всего неделя в этот раз, и везде, где хаггис был в меню, я заказывала его попробовать. И безуспешно! Ни один вариант не оставил того достаточно незабываемого впечатления, чтобы продолжить о нем мечтать.

Но не было бы счастья, да несчастье помогло. В последний день перед отъездом мы проехали на машине полдороги до Эдинбурга, сомневаясь в запахах и звуках. И резко свернули с шоссе, сообразив, что все это время ехали на ручнике.

В конце виража нас волшебным образом ждала автомастерская и рядом с ней придорожный вагончик… как выяснилось, с самым вкусным хаггис на целом свете. Две тетушки-хозяйки, говорившие с удивительным шотландским акцентом, мило с нами побеседовали и, улыбаясь, наградили бургерами с сочной и нежной прослойкой из хаггис.

Измельченные бараньи потроха, легкие, сердце, печень, говяжья вырезка, лук и овсянка — звучит не слишком романтично в качестве ингредиентов. Но поверьте, результат заслуживает как минимум удивления.

Моя любовь,
ночной Эдинбург

Мрачный, сырой, гротескный, живой. Мой любимый Эдинбург. Тускло-желтый в свете ночных фонарей, с черными подпалинами от ветров и проливных дождей, старинный город с молодой душой театрального фестиваля, оживленных пабов, милых сувениров и виски.

Мы заехали всего на один вечер прикоснуться к шершавым стенам в узких проулках. Послушать звонкий голос в надышанном пабе и бой часов на площади. Спуститься по улице вниз, опять вниз, и еще ниже. Вдохнуть морскую свежесть и отпустить душевное смятение.

14

КТО СКАЗАЛ: «ШОКОЛАД»?

Шоколадное настроение
\envie de chocolat\

Не знаю, как вы, но я — жуткая сладкоежка. И шоколад для меня, особенно горький с обжаренным фундуком, сродни наркотику.

Вы когда-нибудь пробовали французские булочки с шоколадом — pain au chocolat? Наверное, с них надо начать. Ведь я их предпочитаю круассанам, даже самым замечательным круассанам с миндальным кремом.

Эти булочки очень просто испечь самостоятельно. Я делаю так: беру квадратик слоеного теста, по краям параллельно кладу две шоколадные палочки и сворачиваю оба края внутрь к середине. Потом выкладываю булочки на противень швом вниз и запекаю до золотистого цвета. Или до совершенно потрясающего аромата домашнего уюта, который не даст вам ошибиться в их готовности. Съешьте шоколадные булочки горячими — это ни с чем не сравнимое удовольствие.

Вообще сочетание шоколада с хлебом — необыкновенно вкусно. В голодные послевоенные годы (в 1950-х и 1960-х) детям во Франции на полдник давали хлеб с маслом и ломтиком шоколада. А если вы помните, советский вариант был: хлеб с маслом, посыпанный сахаром.

Еще безусловно прекрасно шоколад сочетается с бананами. Сначала разрезаю их вдоль пополам, слегка обжариваю в сливочном масле и затем фламбирую в роме. Причем прогреваю бананы я не больше 3-х минут с каждой стороны, чтобы они не размякли. После этого ставлю растапливать горький шоколад (с содержанием какао больше 80%) с небольшим добавлением воды (да-да, а не масла, чтобы немного облегчить десерт). Поливаю бананы горячим шоколадом, а для полного счастья еще и добавляю сверху взбитые сливки — крем chantilly.

Однако, из всей обширной шоколадной темы больше всего я хочу поделиться уникальным рецептом шоколадного пирога без муки, моим беспроигрышным рецептом брауни, а еще обсудить шоколадный мусс.

ШОКОЛАДНЫЙ ПИРОГ ОТ EVELYNE

Вам понадобится

5 яиц
100 г сахарной пудры
(150 г для тех, кто любит послаще)
250 г темного шоколада
200 г сливочного масла
щепотка соли

Что делать

1. Разогрейте духовку до 180 °C.

2. Взбейте яйца с сахарной пудрой и щепоткой соли.

3. Растопите шоколад со сливочным маслом, постоянно помешивая, до гладкой консистенции.

4. Остудите растопленный шоколад до комнатной температуры и затем соедините с яичной смесью.

5. Смажьте сливочным маслом емкость для запекания и вылейте в нее тесто. Запекайте 25 минут.

Брауни-и-иии!

Признаюсь, что я – счастливая обладательница рецепта идеального брауни. Вот и он – тот самый, проверенный годами, удачный, простой и необыкновенно вкусный.

Брауни по этому рецепту выходит довольно сытным, но мы уже привыкли растягивать удовольствие и отрезать по маленькому квадратику, сопровождая его крошечной чашечкой ароматного эспрессо. Вокруг при этом может происходить что угодно: шумят ли дети или проносится ураган, но для вас картинка концентрируется и замирает. Вы остаетесь наедине с приятным ощущением комфорта. В такие моменты жизнь без сомнения налаживается.

Вам понадобится

1.25 стакана муки (150 г)
0.5 ч. ложки соли
225 г сливочного масла
170 г полугорького шоколада (70-80% содержания какао)
1.5 стакана сахара
1 ч. ложка ванильного экстракта (или пакетик ванильного сахара тоже подойдет)
4 больших яйца
1 стакан измельченных грецких орехов

BROWNIES

Что делаю я

1. Вначале разогреваю духовку до 170 °C. Квадратную форму 23х23 см смазываю маслом, прокладываю пекарской бумагой и смазываю ее также маслом.

2. Дальше ставлю на маленький огонь растопить масло с шоколадом, который ломаю на кусочки. Постоянно помешиваю, пока масса не станет гладкой, без комочков. Добавляю половину сахара, размешиваю буквально 30 секунд, снимаю с огня, добавляю ванильный экстракт.

3. Оставшийся сахар хорошо блендером перемешиваю с яйцами, но не взбиваю. Затем половину яично-сахарной смеси понемногу вливаю в шоколад, постоянно помешивая, чтобы яйца не свернулись в горячем шоколаде.

4. Вторую половину яично-сахарной смеси взбиваю, пока она не побелеет и не увеличится в объеме. Аккуратно добавляю взбитую массу в шоколад. Когда смеси хорошо соединятся, добавляю муку с солью. И орехи.

5. Выливаю тесто, которое похоже по консистенции на густую сметану, в подготовленную форму. Ставлю в середину духовки выпекаться в течение 30 минут.

6. Готовность проверяю деревянной шпажкой, но есть важный секрет: брауни лучше недопечь, чем перепечь.

\la mousse au chocolat\
Шоколадный мусс
и житейский переполох

Вспоминаю, что когда мы только переехали в Лондон, столько всего нужно было организовать и обустроить: новый дом, новые школы, что со вкусными историями пришлось немного подождать.

Как бы то ни было, и что бы ни происходило, мысли о невесомом пористом наслаждении преследовали меня уже давно. Мне казалось, вот-вот, и я растоплю на водяной бане стограммовую плитку горького шоколада, сниму с огня, дам остыть, добавлю и размешаю пакетик ванильного сахара и желтки от 3 яиц, потом взобью оставшиеся белки с капелькой соли «до устойчивых пиков», аккуратно вмешаю их силиконовой лопаткой, переложу эту волшебную массу в небольшую емкость для терринов и уберу охлаждаться минимум на 2 часа. А когда достану, воспарю на небеса!

Но, как бы не так, в нашей квартире в Лондоне не оказалось ни блендера, ни подходящей емкости, ни силиконовой лопатки. И гештальт остался бы незакрытым, если бы не мое умение приспосабливаться и готовность на меньшее: а именно, покупной шоколадный мусс в пластиковом стаканчике. Который не так уж и плох, надо отдать ему должное.

Хотя за миской, до краев заполненной воздушной шоколадной массой, стоит целая традиция: для многих французов это десерт из детства, одинаково популярный для разных поколений. Однозначно беспроигрышный у детей. Завидев за столом ребенка, официант тут же поспешит предложить именно его. А в кругу семьи все брались за ложки, тот кому не доставалось или он торопился, макал в мусс и облизывал палец, и все одновременно набрасывались на общую плошку, стараясь вести себя прилично изо всех сил.

В такие моменты невозможно хочется во Францию с детьми, в любой душевный ресторанчик, где им подадут шоколадный мусс. Их глаза засияют, щечки порозовеют, они будут есть и причмокивать от удовольствия. Или, если не случится дождаться такого счастья, придется обзавестись хорошо экипированной кухней, и приготовить шоколадный мусс самой.

ОБОЖАЮ ЧТО-НИБУДЬ ЗАПЕЧЬ

\tian provençal\

Тиан:
РЕЦЕПТ МОИХ ЛЮБИМЫХ ЗАПЕЧЕННЫХ ОВОЩЕЙ ПО-ПРОВАНСАЛЬСКИ

Вы можете возразить: бывает, когда зима затягивается, и снег никак не сходит — какие овощи? Другое дело — если в разгаре лето или изобильная осень. Тогда овощи уже не часть нашего целлулоидного мира, а живые, богатые на вкус и пахнут по-настоящему. Конечно, новые урожаи всегда такие долгожданные, но для меня каждый сезон по-своему романтичен, и благодаря удачно подобранным рецептам овощи у нас в тренде круглый год.

Вообще, гарниры из запеченных овощей — одно из моих последних увлечений. Так, недавно на рынке в прибрежном английском городке я впечатлилась изобилием корня пастернака. Запекла его в компании других корнеплодов и получила огромное удовольствие. До этого влюбилась в печеный батат и его сочетание с гуакамоле. Активно вялила с чесноком и розмарином помидорчики черри. Мариновала перцы в меде и бальзамике. Нашла небанальный способ приготовить кабачки: порезать соломкой, запечь и потом смешать со свежим чесноком, кинзой и лимонным соком, приправив хмели-сунели. Ну, а самым топовым для меня и таким разным в исполнении оказался баклажан: бабагануш из него, к примеру, просто прекрасен. А икра!

Сейчас же хочу поделиться с вами еще одним из своих любимых французских гарниров, который вполне может быть и самостоятельным блюдом. Красочный, легкий, вкусный тиан из Прованса.

Для него вам понадобятся кабачки 2 шт., баклажаны 2 шт., помидоры 4 шт. и красный лук 2 шт., желательно похожего диаметра в разрезе. Хотя понимаю, насколько может быть сложно найти одинаковые по размеру овощи, поэтому считаю, что это совсем не принципиально. Выглядеть все равно будет аутентично, и по большому счету, главное — вкус.

Я делаю так: тонко нарезаю овощи кружками одной толщины, выкладываю поочередно разноцветными рядами в форму для запекания, поливаю оливковым маслом, солю, перчу и обильно посыпаю свежим тимьяном и натертым чесноком (3–6 зубчиков). Отправляю в духовку, разогретую до 180 °C, на час. Скоро вы убедитесь, что тимьян и чеснок творят волшебство: их аромат приятно пощекочет ваши вкусовые рецепторы.

Sunday roast

Особенно вкусное приключение в Лондоне — это зайти в гастропаб на Sunday roast.

Здесь это давняя традиция и повод собраться семьей за воскресным обедом. Порции отменные: сытные и, как сказали бы французы, réconfortantes. Такая кухня согревает не только в буквальном смысле. Она большая и праздничная, когда вас уже приняли за своих и широким жестом приглашают к столу.

Особенно мне нравится сырная крышка, которую водружают поверх запеченного мяса и овощей, а еще gravy, соус, без которого не было бы полного счастья. Вроде бы, все просто, но если представить процесс, то потом очень ценишь результат.

К тому же, важен антураж старинных английских пабов, как, например, одного из них недалеко от нас, куда, поговаривают, захаживал размышлять над своими трудами Карл Маркс. Или другой, рядом с Тауэром, повидавший на своем веку, бррр, всевозможные казни. Обед в этом заведении приобретает особую окраску.

Но если не ходить в эти по большей части питейные заведения, то все, кроме сырной крышки, я стараюсь приготовить и дома. Помню, с большим чувством следовала рецепту Джейми Оливера, тщательно и задорно протирала часть овощей в gravy, а мои усилия наотрез не принял консервативный ребенок.

Поэтому сейчас я делаю так: запекаю баранью ногу с чесноком и розмарином, а отдельно рядом — яркие и аппетитные корнеплоды. Мое любимое сочетание: разноцветная морковь (да-да, бордовая, оранжевая и желтая), батат и корень пастернака, parsnips. Иногда их слегка глазируют медом, иногда еще добавляют капельку горчицы. Но и без усилителей вкуса они просто прекрасны.

\one-tin baking\
Концепция:
ЗАПЕЧЬ ВСЕ В ОДНОЙ ПОСУДЕ

В обычной жизни все намного проще, в том числе, еда. В обычной жизни мы не такие, какими хотим казаться. И как бы нам ни нравились ролевые модели звездных шеф-поваров, чаще всего под конец дня у меня хватает сил на просто запеченный лосось: соль-перец, оливковое масло, и грубо нарезанные запеченные овощи: красный лук, цукини, болгарский перец и помидоры.

Но все же, если печь лосось и овощи почти постоянно, иногда заменяя их курицей с картошкой, — здесь я утрирую, но вы понимаете, о чем речь, — то домашние взмолятся о пощаде, и жизнь потеряет всякий смысл. По крайней мере, для меня: я нахожу вдохновение не в стандартном наборе продуктов в холодильнике, а стремлюсь его разнообразить чем-то ярким и уникальным.

Например, лосось запечь с тертым имбирем, чесноком, соевым соусом и медом, в дополнение к базовым соли-перцу и маслу. Для куриных бедрышек без кости приготовить мой любимый маринад: белое вино, дижонская горчица, соевый соус и мед. А из обычного картофельного пюре устроить праздник, добавив в него трюфельного масла.

Однако реальность и усталость от раза к разу берут верх, и в таком случае спасает компромисс: блюда, запеченные в одной посуде. Причем интересные, волнующие и красочные. Полная противоположность обыденности и пресности. Праздник, над которым не нужно долго корпеть, по многу раз подряд пинцетом выуживая сложные ингредиенты.

С одной стороны, этот способ подкупает скоростью подготовки продуктов, прежде, чем они будут отправлены в духовку. А дальше дело за малым — духовка сделает свою работу, а вы можете приятно провести время ожидания с бокальчиком бодрящего напитка. Нагуляете аппетит, накормите счастливую семью из одной посуды. Это подразумевает, что и мыть, и убирать потом будет значительно легче.

Один такой выход из положения иллюстрирует рецепт, который я хочу вам предложить: на первый взгляд, непритязательные сосиски, но в каком соседстве: фенхеля, красного лука и яблок с оригинальной заправкой! — получается необыкновенно, изысканно вкусно. Достойно всякой похвалы.

Вам понадобится

6-8 средних натуральных сосисок в съедобной оболочке
2 клубня фенхеля
1 большая красная луковица или 2 поменьше
2 яблока
50 мл сухого белого вина
1 ст. ложка жидкого меда
2 ст. ложки оливкового масла
листья свежего орегано
соль, перец

АНГЛИЙСКИЕ СОСИСКИ, ЗАПЕЧЕННЫЕ С ФЕНХЕЛЕМ, КРАСНЫМ ЛУКОМ И ЯБЛОКАМИ

Что делаю я

1. Разогрейте духовку до 200 °C /180 °C с конвекцией.

2. Очистите лук, фенхель и яблоки (у яблок оставьте кожицу), разрежьте на крупные дольки (6 частей).

3. В емкости для запекания среднего размера выложите сосиски, вокруг них разложите лук, фенхель и яблоки. Посыпьте листьями свежего орегано.

4. Приготовьте заправку: смешайте вино, мед и оливковое масло. Приправьте солью и перцем. Полейте сосиски с гарниром.

5. Запекайте 40 минут, иногда помешивая, до мягкости овощей, до момента, когда они начнут карамелизоваться. Подавайте с лепешками или любым другим вашим любимым хлебом, которым можно будет собрать вкусный соус.

ПРОТИВОПОЛОЖНОСТИ ПРИТЯГИВАЮТ

Orange marmalade

Помните мишку Паддингтона и его любовь к апельсиновому конфитюру, мармеладу, точнее? Я чувствую себя часто абсолютно так же. Особенно здесь, в городе с магазинами, полки которых уставлены рядами цитрусовых мармеладов на любой вкус.

Первый раз, когда я это заметила, то невольно ахнула и замешкалась с выбором. Потом накопился опыт проб и ошибок, и больше всего мне нравится апельсиновый мармелад с имбирем, с грубо порезанной корочкой – оттуда горчинка. Но и противоположное – прелесть: нежное, слегка мутное и при этом янтарно-прозрачное апельсиновое желе.

В очереди на пробу у нас мармелад с бренди и виски, а еще смесь цитрусовых и, из другой области, лимонный курд. Все это и многое другое я обнаружила в старинном аутентичном чайном магазине неподалеку. Разговорилась с продавщицей, и оказалось, что в этом месяце магазину исполнилось 125 лет. Немыслимо, правда же?

И так при этом щемит в сердце, когда вспоминаешь однажды тебе сказанное: la confiture à l'orange de Menton….est un délice. Вспоминаешь, действительно, весь колорит и мощь лимонов и апельсинов из Ментона, одного из охристых городков на Лазурном берегу Франции почти на подъезде к Италии.

Но время стремительно уносит нас вперед, за новые горизонты. И вот уже мишка Паддингтон становится ближе и понятнее.

АПЕЛЬСИНОВЫЙ МАРМЕЛАД С ВИСКИ

Вам понадобится

1.3 кг апельсинов
сок 2 лимонов
2¼ кг белого рафинированного сахара
450 г темно-коричневого сахара мусковадо
150 мл виски

Что делать

1. Поместите целые апельсины и лимонный сок в большую кастрюлю и залейте 2 литрами воды. Если покрыть апельсины полностью не получается, переложите их в меньшую кастрюлю или придавите огнеупорной тарелкой /грузом, чтобы они оказались под водой. Доведите до кипения, накройте крышкой и убавьте огонь. Варите 2 часа до тех пор, пока кожуру апельсинов можно будет легко проткнуть вилкой.

2. Слейте воду в другую кастрюлю и сохраните. Пересыпьте апельсины в миску и дайте остыть, затем разрежьте пополам и выскоблите середину, включая косточки и перепонки. В них содержится пектин, и это даст отличный результат. Корки сохраните. Соедините мякоть апельсинов с отложенным отваром. Доведите до кипения и варите 6 минут, затем процедите через сито, выжимая мякоть деревянной ложкой или толкушкой.

3. Крупно порежьте апельсиновые корки, переложите в кастрюлю. Засыпьте белым и коричневым сахаром, залейте получившейся жидкостью с мякотью. Поставьте на низкий огонь и размешайте до растворения сахара. Затем увеличьте огонь, добейтесь активного кипения и варите 15–25 минут. В конце влейте виски. Снимите пенку и разложите по банкам. Готово!

МОИ ВПЕЧАТЛЕНИЯ ОТ ЛОНДОНА
и спред Marmite

Я не догадывалась, что:

- сок всегда будут подавать со льдом
- бургеры могут быть такими вкусными
- мусор на улицах через год покажется родным
- свобода самовыражения в одежде обезоруживает, расслабляет, и хочется соответствовать
- мульти-культурность не скрывается, а ярко подчеркивается, и сосуществует мирно
- с острова при определенных обстоятельствах можно никуда и не выезжать: здесь и так тонна интересного
- автобусы, такси нанимают самых лихих водителей, и со временем влюбляют в себя
- другие символы и достопримечательности тоже влюбляют, и даже не будучи туристом, в каждом знаковом месте покупаешь сувенир
- здесь найдутся истинные любители Франции, а также огромный выбор французских продуктов и брендов
- все два года нам не понадобится своя машина
- вполне реально приехать с тремя чемоданами и котом, а потом обрастать всем необходимым, включая полный комплект мебели за один клик
- я стану экспертом по переездам и вполне смогу давать консультации
- и по прошествии такого достаточно долгого времени до сих пор останутся загадки, такие, как спред Marmite.

Мне казалось, что за два года я успела адаптироваться даже к английской медицинской системе, но так и не попробовала спред Marmite. Наверное, из страха скривить лицо и не понять, в чем секрет. Ведь все его попробовавшие четко разделяются на ярых поклонников и жестких ненавистников. Он даже рекламируется со слоганом «Love it, hate it.»

Если рассказывать более подробно, то на днях мы возвращались с супругом с очередного школьного мероприятия, спускались резко вниз по узкой улице с зеленого холма. Было очень сыро и свежо, хотя дождь уже выключили. Поэтому шли мы беспечно, болтали и смеялись в вечерней пустоте.

И он говорит: «Постой, давай прочувствуем эту красоту и эту свежесть» — такой уж он у меня романтик. Я остановилась, подышала, но поняла, что мне, к сожалению, эта сырость теперь кажется обыденной.

Скорее всего, в сравнении с мокрым климатом Голландии, где мы учились совсем юными, и с почти райской погодой во Франции — здесь мы перестали так впечатляться, потому что... боюсь это произнести, но это так: в Лондоне мы чувствуем себя как дома. Тогда как раньше наше пребывание всегда казалось временным.

Но вернемся к Marmite. Размышления о том, где сейчас мой дом, подтолкнули меня решиться этот чудной спред попробовать. Тем более, что он такой полезный: по сути, это экстракт дрожжей, богатый витаминами группы B, а также фолиевой кислотой. И потом, некоторые англичане не пропускают и дня, чтобы не сделать себе тост с Marmite на завтрак.

Важно не как я, сразу из банки, а сначала намазать горячий хлеб соленым сливочным маслом и поверх него нанести тонкий слой Marmite. Тогда вас не шокирует его, надо признаться, своеобразный вкус.

Кислый и густой, густой и кислый. Он непременно взбудоражит ваши вкусовые рецепторы и разбудит в начале любого самого пасмурного дня.

17

МОРЕПРОДУКТЫ, КОТОРЫЕ СВОДЯТ С УМА

\langoustines one love\
Лангустины
ИЗ БУХТЫ ЗА ОКНОМ

Здесь надо было что-то написать, но слов катастрофически не хватало. Мы почти два года живем в этой морской стране, а ощущений от морепродуктов было явно недостаточно. До встречи с этой нескромной порцией лангустинов сегодня на обед.

Упитанные, но спортивные и пружинистые. Нежнейшие, но с характером. Мучительно выковыриваемые из щупальцев и мясистые на спинке. Их обязательно нужно обильно полить лимонным соком, так зажигательней. Гораздо более зажигательно с бокалом chenin blanc.

Удивительную гармонию добавляет вид из окна, нависающего над гаванью в этом маленьком рыбацком городке. На зелено-сизой воде раскачиваются лодки, редкие машины маневрируют над обрывом.

Море нахмурилось, отражая небо. Похолодало. Что-то съежилось внутри, но после этой тарелки лангустинов крупно заколотилось сердце.

Я не преувеличиваю. Актуализация момента. Счастье в еде.

Лобстер на Новый год

Елка стояла и сверкала уже потрепанная, отслужила, отыграла свою роль на Рождество. Некоторые наши соседи елки даже успели выбросить.

В канун Нового года я поехала в рыбную лавку, отстояла длинную очередь и слышала, как каждый входящий первым делом заказывает лобстер.
Я подумала: это знак.

Я давно заглядывалась на них, проходя мимо аквариумов в рыбном магазине по дороге на занятия музыкой с малышом. Но в любой другой обычный день в своих отсеках скучала всего пара лобстеров. Сейчас же на праздник их завезли целый бассейн.

И вот я — счастливая обладательница персонажа, который обещает превратиться в изысканное блюдо, создаст нужное настроение и впечатлит моего главного ценителя, супруга. Было бы лучше, если бы экземпляр, который мне достался, был местного вылова. Говорят, особенно хороша порода Dorset Blue. Этот же родом из Канады, надеюсь, немногим уступит британцу.

Кстати, я правильно сделала, что выбрала лобстера поменьше — они вкуснее крупных, у тех мясо жестче.

Как готовить? Кипятить 12 минут в соленой воде. Но большего не расскажу, чтобы избежать брутальных подробностей. Скажу только, что с перепугу у меня дрожали пальцы.

Подавать лобстера можно как горячим, так и холодным. При этом приправ должно быть по минимуму, чтобы не заглушить тонкий, неуловимый вкус самого мяса. В холодном варианте достаточно сбрызнуть лимоном, в горячем подойдет чесночное масло и немного петрушки.

Мы пережили сложный год и с надеждой заглядываем в будущее. Мы заслужили побаловать себя таким угощением!

Айоли
\aïoli\

Самая большая радость морского отдыха, на мой взгляд, — это свежевыловленная рыба. Когда судьба нас балует каждый вечер изобилием рыбных закусок и вторых блюд. Как например, тунец, креветки, гребешки, осьминог, сибас, тюрбо, дорада, которые буквально только что выплыли из моря к вам на тарелку, быстро миновав кухню, и подмигивают хитрым глазом.

Не ужин, а сплошное удовольствие. Остановите меня! Вынести такое без эмоционального перегрева просто невозможно.

Сопроводите выбор рыбы колоритным соусом «айоли» — чесночным майонезом, в сущности. Этот соус создает настроение, тон в музыке. На юге Франции его водружают посередине огромного блюда и вокруг располагают овощи и рыбу, и делают так неспроста. Название «айоли» там относится не только к самому соусу, но и применимо ко всему ансамблю продуктов.

Это блюдо — центральное в моих воспоминаниях о Марселе и Верхнем Провансе, та самая искрометная ассоциация, однозначный момент истины, когда события складываются в пазл, встают на свои места. Приготовление айоли может показаться универсальным и более широко в средиземноморской кухне, но я нежно лелею воспоминания именно о его марсельской версии.

Давайте вместе, при первой возможности, приготовим этот простой и вкусный соус, окружим его запеченной рыбой и гарниром из овощей. Классическое сочетание: картофель, морковь, стручковая фасоль, артишоки, цветная капуста, но у вас может быть и своя авторская интерпретация. Приготовим и порадуемся тому, какое вышло диетическое и полезное блюдо, иногда это особенно актуально.

АЙОЛИ

Вам понадобится

2 зубчика чеснока
350 мл оливкового масла
1 желток
½ лимона
соль, перец

Что делать

1. Приготовьте большую деревянную или каменную ступку с пестиком. Раздавите в нее чеснок и истолките его до образования гладкого пюре. Как только чеснок будет готов, добавьте щепотку соли и желток, сбрызните лимонным соком.

2. Постепенно, по капле, введите оливковое масло, при этом постоянно энергично мешайте массу пестиком в одном направлении. В результате должен получиться соус, похожий на майонез, но по консистенции чуть более плотный.

3. Если у вас не получается взбить соус этим традиционным способом, не расстраивайтесь, всегда можно использовать миксер, хотя адепты истинного айоли могут быть и не согласны.

5 ЧАСОВ ПОПОЛУДНИ,
ВРЕМЯ ПИТЬ ЧАЙ

АНГЛИЙСКАЯ чайная церемония в F&M

Я мечтала, планировала, надеялась уже около полугода назад и вот только сейчас побывала на чайной церемонии в одном из самых культовых мест Лондона — флагманском магазине Fortnum & Mason на Пиккадилли.

То все было зарезервировано, то не было оказии. А вчера по счастливой случайности мы оказались с подругой рядом на экскурсии и искали, где бы пообедать. И звезды сошлись: искомый столик, классический afternoon tea в виде этажерки с закусками, уникальный выбор чая и… бокал шампанского.

На нижнем уровне этажерки — т.н. finger sandwiches: тонкие полоски мягкого английского хлеба, который не портится долго и упорно и совсем не похож на французский багет. Один с ветчиной и сыром, другой с огурцами и нежным кремом с шнитт-луком, еще один с курицей карри — микроскопические, но сытные.

В момент, когда вы поднимаетесь на уровень со сконами, есть уже почти расхотелось. Но сконы — это чуть ли не самая замечательная английская выпечка, которая подается как с джемом и сливками, взбитыми в почти масло, так и в savoury варианте с луковым чатни и сырным кремом. Я обожаю сконы. Надо раздобыть их рецепт и сделать самой, правда ведь?

И на самом верху вас ожидают либо сладкие десерты, либо соленые канапе и тарталетки, в зависимости от того, какое вы выбрали меню. Все съесть невозможно. Но пришли вы сюда ради праздника и немного священнодействия, и вы пробуете и пробуете, хотя бы по кусочку всего.

Нужно еще рассказать, что магазину F&M немногим более 300 лет. Там продаются самые вкусные продуктовые наборы — hampers, которые считается хорошим тоном покупать в подарок. Магазин дороговат, и чаепитие тоже. Восхищает все — громко скрипящие половицы, искренне улыбающиеся официанты, наконец, красота и вкус! Очень советую посетить это место.

КЛАССИЧЕСКИЕ АНГЛИЙСКИЕ СКОНЫ ОТ F&M

Вам понадобится

500 г муки, плюс немного на посыпку
1.5 ст. ложки разрыхлителя
0.5 ч. ложки соли
125 г несоленого сливочного масла
100 г мелкого сахара
180 г цельного молока
75 г изюма (по желанию)
1 желток для смазывания
джем и сливочное масло для подачи

Что делать

1. Просейте муку с разрыхлителем в большую миску. Добавьте соль и нарезанное кубиками масло. Протрите смесь пальцами, пока она не станет похожа на тесто для крамбла: на хлебную крошку разного размера. Всыпьте сахар и соедините его со смесью. Сделайте углубление в середине и влейте молоко, а также, по желанию, всыпьте изюм. Затем быстро смешайте с помощью столового ножа до ровной консистенции.

2. Разогрейте духовку до 200°C /180°C с конвекцией. Посыпьте мукой рабочую поверхность, перенесите на нее тесто из миски. Также посыпьте мукой скалку и раскатайте тесто толщиной около 3 см. Посыпьте мукой кромку стакана диаметром около 6 см и вырежьте 16 кружков. Застелите противень пекарской бумагой и перенесите на него круги теста. Смажьте каждый взбитым желтком.

3. Запекайте в духовке в течение 12 минут, пока сконы не поднимутся и не подрумянятся со всех сторон. Как будут готовы, перенесите их на решетку и остудите 5 минут, затем подавайте с джемом и сливочным маслом, разрезав пополам.

Earl Grey:
ИСТОРИЯ МОИХ С НИМ ОТНОШЕНИЙ

Вспомните, когда вы первый раз попробовали чай с бергамотом, и каким было ваше впечатление? У меня — культурный шок. Потому что произошло это знаменательное событие в пионерском лагере в начале 1990-х годов. Родители прислали мне письмо с несколькими желтыми пакетиками Twinings Earl Grey в конверте.

Аромат был настолько необычным, мягким и щемящим, просто захватывающим, что я не помню, что было в самом письме. Наверное, в нем говорилось о любви. Но самое яркое ее проявление осталось для меня во вкусе бергамота.

Дальше — еще больше привязанности. Она возникла, когда попробовала не только традиционно с молоком, но и с охапкой мяты, интенсивные пакетики Tetley. Дело было во Франции в наш первый год, когда гости за длинным столом из всего ужина больше всего хвалили мой чай.

Потом — несколько разочарований в качестве некоторых марок, пока не нашла для нас уже здесь, в Англии, замечательный чай Teapigs. Earl Grey в их линейке есть и сильный, и послабее, нежный с синими цветочками. Такой, каким и должен быть сегмент «средний премиум».

И наконец, я недавно добралась до легендарного чайного магазина Mariage et Frères. Хотя он и французский, но его часто рекомендуют как один из лучших в Лондоне, чтобы привезти отсюда в подарок чай.

В момент покупки я была в сложных обстоятельствах: вокруг меня прыгали два голодных ребенка и требовали бургеры. Было непросто сконцентрироваться, откровенно говоря. А огромная стена за прилавком была сплошь уставлена таинственными баночками. Как не прогадать?

В результате за одну минуту
я чисто инстинктивно купила
Earl Grey Imperial и Earl Grey
French Blue, и счастью моему
не было предела.

Глубокий вдох, медленный
выдох. Ароматерапия
и восстановление оптимизма
в одной чудесной чашке.
Такая любимая классика.

ИДЕАЛЬНЫЙ УЖИН

Луковый конфи
\confit d'oignons\

Это одна из тех вещей, которые меня вдохновляют. Вообще луковая тема такая невероятная: я обожаю французский луковый суп, пирог под названием писсаладьер и особенно трепетно люблю конфи, или конфитюр — это по-французски, или релиш, чатни — по-английски.

Мне кажется, не было бы достаточно в моей жизни счастья, если бы я не обнаружила, какой замечательный аккомпанемент составляет мясным блюдам луковый конфитюр. Традиционно совсем небольшое его количество сервируют с фуа-гра. Помимо этого, я хочу вам предложить умопомрачительное сочетание лукового конфи с говяжьей печенью.

Оттенки вкуса здесь очень важны, и их действительно много: сладость, кислинка; консистенция, цвет — в поиске идеальной баночки с конфитюром можно потратить уйму времени. Поэтому, обнаружив однажды в моем любимом французском кулинарном журнале рецепт печени с конфи из лука и фиников, я поняла, что это любовь навсегда.

Это было в то время, когда мы только вернулись после первого года во Франции, окрыленные и полные впечатлений. Я пригласила на обед папу, которого сейчас уже нет в живых. И несмотря на то, что он обычно не ел печень, папа расхваливал мое кулинарное творчество так, что для меня это осталось в памяти как его высшее одобрение и признание моих заслуг. Дорогое сердцу воспоминание, связанное с одним успешным рецептом.

Про англичан же нужно заметить, что их также не удивишь карамелизованным луком. Я и представить себе не могла, что бургеры с ним и голубым сыром могут быть настолько вкусными.

Вам понадобится

4 куска говяжьей печени около 150 г каждый
3 луковицы
120 г фиников без косточек
20 г сахара
150 мл яблочного уксуса
60 г сливочного масла
1 упаковка зеленого салата
оливковое масло
бальзамический уксус или крем
соль, перец

ПЕЧЕНЬ С КОНФИ ИЗ ЛУКА И ФИНИКОВ

Что делать

1. Очистите лук и нарежьте его тонкими полукольцами. Обжарьте его до мягкости и золотистого оттенка 10 минут на 20 г сливочного масла.

2. Порежьте финики на маленькие кусочки и добавьте к луку. Посолите, поперчите и добавьте сахар. Оставьте карамелизоваться на 20 минут на очень тихом огне, иногда помешивая.

3. Приправьте куски печени солью и перцем и обжарьте их по 2 минуты с каждой стороны на смеси оливкового и 20 г сливочного масла. Переложите на блюдо.

4. Влейте уксус в сковороду, где готовилась печень. Уварите наполовину. Добавьте оставшиеся 20 г сливочного масла маленькими кусочками и перемешайте.

5. Верните в сковороду куски печени и прогрейте буквально 2 минуты.

6. Подавайте с конфи из лука и фиников и с зеленым салатом (лучше всего фризе), слегка сбрызнув листья оливковым маслом и бальзамическим уксусом.

Предвкушаю, какими и вас будут осыпать комплиментами!

Ирландское рагу

Я плохо помню, как и откуда этот рецепт появился в арсенале моих самых ходовых и востребованных блюд. Произошло это лет 15 назад, и если представить, сколько раз я с тех пор потчевала им любимых, а они все просили добавки, то моему ирландскому рагу можно смело присудить медаль за стойкость и постоянство.

Секрет прост: дело в усилителях вкуса, луке-чесноке-розмарине. Которые — еще та известная троица, и присутствуют во множестве британских рецептов. А еще в выборе качественной филейной баранины и фоново — яркой по вкусу моркови. И конечно, от баланса соли и перца, но это само собой разумеется.

Не буду томить вас введением, все на самом деле очень просто:

ИРЛАНДСКОЕ РАГУ

Вам понадобится

800 г филе баранины
700 г моркови
1.5 кг картофеля
2 луковицы
1 головка чеснока
3 веточки розмарина
1 пышный пучок кинзы (50 г)
соль, перец

Что делать

1. Нарежьте баранину средними кусочками.

2. Так же крупно нарежьте лук, очистите и раздавите чеснок. Используйте либо уже очищенную беби-морковь, либо очистите и нарежьте брусками стандартную.

3. Обжарьте лук и чеснок. Добавьте к ним мясо и листья розмарина. Посолите и поперчите. Хорошо обжарьте мясо в большой кастрюле со всех сторон.

4. Добавьте морковь, перемешайте и тушите еще 7 минут.

5. Очистите и крупно нарежьте картофель, добавьте его в кастрюлю. Залейте водой, чтобы покрыть. Досолите. Тушите на среднем огне под полуприкрытой крышкой около 30 минут. Иногда проверяйте, как впитывается жидкость, не подгорает ли рагу.

6. В конце добавьте измельченную кинзу, перемешайте, снимите с огня и подавайте.

20

ФРАНЦУЗСКИЙ КРУЖОК
С ЕГО CHALLENGES

Галеты волхвов
\galettes des rois à la frangipane\

Это мое второе кулинарное приключение за время участия в жизни Французского кружка, клуба по интересам среди жителей нашего района. После того, как меня похвалили за рождественские полена, сразу же попросили испечь и галеты. И я снова заволновалась, справлюсь ли.

Наверное, нужно работать над своей способностью драматизировать события, но задания от этого кружка и их одобрение я почему-то принимаю близко к сердцу. Тем более, что рецептов этой традиционной французской послоновогодней выпечки очень много. Я их внимательно изучила, но решила воспользоваться проверенным годами рецептом участницы кружка, всего лишь добавив в начинку капельку рома.

Но давайте я расскажу вам, что, собственно, это за галеты такие. У них длинная история! Начиная с Древнего Рима. В голове не укладывается!

Готовят их к 6 января на праздник, символизирующий приход королей-волхвов в Вифлеем. В галете прячут большую фасолинку, в наше время уже фарфоровую или пластиковую, да и не только фасоль, любую маленькую фигурку. По тому, кому она достанется, выбирают короля /королеву дня.

Если в семье есть дети, то самый младший залезает под стол и оттуда решает, кому отдать следующий кусочек. Как вы понимаете, дети просто обожают эту традицию.

Что еще интересно: короля разыгрывали даже за столом Людовика XIV, но нынешнему президенту Республики в галету не кладут фасоль, потому что это не соответствует принципам равенства и братства. Да и во времена Революции галету, по понятным причинам, запретили называть королевской и переименовали все событие в «праздник добрососедства».

Самое вкусное в галете волхвов — это начинка из миндальной пудры / измельченного миндаля, которая названа frangipane в честь итальянского графа с такой же фамилией, который подарил этот рецепт Екатерине Медичи. Прекрасный подарок, я считаю.

Мои галеты на празднике съели до последней крошки, и каждый подходил поблагодарить.

ГАЛЕТЫ ВОЛХВОВ

Вам понадобится

500 г протертого миндаля
400 г сахара
100 г размягченного сливочного масла
3 крупных или 4 средних яйца
цедра и сок 1 лимона
капля рома (размер капли на ваш вкус)

Что делать

1. Все смешайте. Подготовьте 2 рулона слоеного теста, вырежьте из них круги на 2-3 см шире радиуса формы. Один круг проложите вниз и наколите вилкой.

2. Аккуратно выложите начинку, накройте вторым кругом и защипните края. Нарисуйте любой узор тыльной стороной ножа, а по центру проткните дырочку, которая сыграет роль «выхлопной трубы».

3. Глазируйте абрикосовым джемом. Выпекайте 35 минут при температуре 180°C. Дайте немного остыть перед тем, как подать.

Мини киши
ДЛЯ ФРАНЦУЗСКОГО КРУЖКА

В ушах обворожительно звучат прелюдии Дебюсси и рефреном – комплименты членов местного французского сообщества, которыми те задарили мои маленькие киши. Я на фортепианном концерте, нас сегодня всего дюжина. Зато кишей тридцать: настоящее объедение.

Испекла я их с большой душой и выбрала в этом месяце, потому что подумала: что может быть более французским? Ведь меня попросили приготовить соленые закуски, а киши в моем понимании – самые замечательные тарталетки с разными начинками, которые заливают яично-сливочной смесью и посыпают тертым сыром, прежде чем отправить в духовку всего на 15 минут.

Однажды давным-давно мы заехали в гости к Мирей, моей французской маме, как я ее ласково называю. В деревушку на границе с лесом Фонтенбло. И были страшно голодны. Она нас встретила чудесным еще теплым кишем с цукини. Поместила его на стол и опрометчиво оставила наедине с моим супругом.

Мы с ней весело проболтали на кухне какую-нибудь четверть часа, вернулись в гостиную, где потрескивал камин, и обнаружили, что супруг из вежливости не доел один кусочек. Как же было неловко! Целый большой пирог улетучился молниеносно почти без остатка.

С тех пор я знаю, как вкусно готовят французские мамы. Поэтому и попыталась повторить тот же эффект на компанию побольше, использовав форму для выпечки с 12-ю углублениями. Для того, чтобы получилось 30 маленьких кишей, пришлось запекать 3 раза.

3 ВИДА МИНИ-КИШЕЙ ДЛЯ БОЛЬШОЙ КОМПАНИИ

Что сделала я

1. Для первой партии я мелко нарезала и обжарила 1 луковицу, 200 гр бекона и 250 гр шампиньонов. Для второй – совсем тонко измельчила и обжарила 500 гр цукини, добавила в конце 2 тертых зубчика чеснока и половину пучка кинзы. Для третьей полу-партии поступила совсем просто: помяла вилкой двухсотграммовую банку консервированного лосося и добавила шнитт-лук.

2. Затем смешала 300 гр сметаны, 300 гр жирных сливок и 6 слегка взбитых яиц. Посолила-поперчила как эту смесь, так и начинки. Из готовых листов дрожжевого теста вырезала бокалом круги нужного размера и заполнила ими углубления в форме. Наколола дно вилкой.

3. Разложила сначала начинку по 1 ст ложке с горкой, затем залила яичной смесью и посыпала тертым сыром: разные партии то чеддером, то моцареллой.

4. Запекла 5 мин при температуре 210°C и дальше 10 мин при 170°C.

АНГЛИЯ, КОТОРАЯ МЕНЯ ПЕРЕПОЛНЯЕТ

Клубничные поля
ГРУППЫ BEATLES

«Let me take you down
'Cause I'm going to strawberry fields
Nothing is real
And nothing to get hung about
Strawberry fields forever»

— звучит в моих наушниках в исполнении классического оркестра. А ведь эта песня первое, что приходит на ум, когда речь заходит о кулинарных пристрастиях самых известных английских музыкантов. Среди других отраженных в их творчестве продуктов, как известно, Honey Pie и Savoy Truffle, но почему-то именно Strawberry Fields обладают для меня особой магией и по-своему загадочны.

Песни Beatles навевают самые разные ассоциации и воспоминания. Мне очень понравилось, как недавно на юбилей Пола МакКартни вышла книга «Les Beatles, comment les cuisiner» французского кулинарного критика и по совместительству битломана Emmanuel Rubin, который попросил известных французских шефов, а также кулинаров-любителей, подобрать рецепты к 12-ти хитам этой легендарной музыкальной группы.

Получилось достаточно интересно:

- К песне Penny Lane прилагается рецепт fish&chips, но далеко не простой, а с маринадом-кляром из белого пива, муки, кукурузного крахмала и газированной воды.
- Octopus' Garden сопровождается блюдом из осьминога с чесночно-шафрановым соусом rouille.
- Glass Onion — рецептом лука, тушеного с бузиной.

А клубничные поля... в разгар сезона клубники особенно, вызывают слюноотделение и сон наяву. Такое культовое произведение хочется дополнить незабываемым рецептом клубничных капкейков. Нежных и пронзительно вкусных.

Вам понадобится

На 4 порции (~18 капкейков)

Для крема:
340 г сливочного масла
¼ ч. ложки соли
700 г сахарной пудры
100 г клубники + немного для украшения
½ ч. ложки ванильного экстракта

Для теста:
360 г муки
2 ч. ложки разрыхлителя
¼ ч. ложки пищевой соды
½ ч. ложки соли
230 г сливочного масла комнатной температуры
300 г сахара
3 яйца
1 ст. ложка ванильного экстракта
120 г сметаны
120 мл молока высокой жирности
220 г клубники

КЛУБНИЧНЫЕ КАПКЕЙКИ

Что делать

1. Смешайте муку с разрыхлителем, содой и солью.

2. Заранее достаньте из холодильника и дайте полежать сливочному маслу. Нарежьте его маленькими кусочками и взбейте с сахаром в легкий светлый крем.

3. Поочередно вбейте яйца так, чтобы смесь хорошо соединилась. Одновременно с яйцами добавьте ванильный экстракт.

4. Поэтапно, по ⅓, добавьте муку. Снова хорошо медленно размешайте.

5. В отдельной посуде разведите сметану с молоком. Потом также вмешайте в тесто.

6. Мелко нарежьте клубнику, смешайте с готовым гладким тестом.

7. Разложите по форме с углублениями бумажные чашечки для капкейков. Распределите по ним тесто. Запекайте в разогретой до 180°C духовке 20-25 минут. Достаньте и дайте остыть.

8. Для крема также взбейте сливочное масло с солью и сахарной пудрой.

9. Добавьте пюре из клубники и ванильный экстракт. Хорошо перемешайте. Переложите в мешок с насадкой и декорируйте капкейки, украсив ягодами клубники.

АНГЛИЙСКИЕ КУЛИНАРНЫЕ НАЗВАНИЯ *французского* ПРОИСХОЖДЕНИЯ

Кто бы мог подумать, что такие исконно английские съедобные названия, как бекон, тост, custard, stew — французского происхождения. Но давайте вместе совершим небольшой экскурс в лингвистику:

Bacon. Бекон— обязательный ингредиент английских завтраков и множества других блюд. Но его исконное идентичное название, только читаемое на французский манер, происходит из французского языка XIV века. Уже тогда оно обозначало вяленое свиное мясо.

Toast. Англичане очень чествуют поджаренный хлеб, и почти все можно положить на тост, в том числе фасоль. Поэтому усомниться в его благородном английском происхождении сложно, но приходится: французский глагол «toaster» как раз обозначает запекать или поджаривать на гриле.

Custard. Даже такой общеупотребимый в Англии сладкий соус, как custard, который сами французы называют «crème anglaise», берет начало от французского слова «coutarde», которое в дальнейшем трансформировалось в «crustarde», что означает «покрытый корочкой».

Stew. Один из любимых английских способов готовить — это тушение. Мяса с овощами, просто овощи, в результате чего получается согревающее и душевное блюдо под названием stew. Но чтобы быть до конца точным, следует вспомнить, что оно происходит от старофранцузского «estuver», что значит «погружать в горячую воду».

Однако на этом история с заимствованием кулинарных названий не заканчивается. Поговаривают, что и некоторые английские блюда на самом деле родом из Франции. Так, например, похожие слухи ходят про знаменитый Йоркширский пудинг.

Одна известная английская шеф Fanny Cradock однажды (в 1970-х годах) обмолвилась в ТВ шоу, что английская кухня настолько не оригинальна, что даже Йоркширский пудинг (тот самый, что традиционно сопровождает Sunday roast) — бургундского происхождения.

Это вызвало большой резонанс. Но всегда можно предположить, что рецепты блюд на соседних территориях, которые настолько близко пересекаются исторически, вполне могут быть заимствованы друг у друга. Какой бы удивительной или сомнительной не показалась эта история с географией, вне зависимости от своих истинных корней, красота и значимость Йоркширского пудинга остается неизменной, и я предлагаю приготовить его самостоятельно.

ЙОРКШИРСКИЙ ПУДИНГ

Вам понадобится

140 г муки
4 яйца
200 мл молока
подсолнечное масло
соль, перец

Что делать

1. Разогрейте духовку до 230 °C / 210 °C с конвекцией.

2. Налейте немного подсолнечного масла в каждое углубление 2-х форм для маффинов (на 12 маффинов) или 2-х форм с большими углублениями (по 4 на форму), сделанных специально для Йоркширских пудингов. Поставьте формы в духовку, чтобы они хорошо согрелись.

3. Просейте муку в миску и вбейте яйца. Смешайте до гладкости.

4. Постепенно влейте молоко и продолжайте интенсивно мешать до тех пор, пока не останется комков. Посолите и поперчите.

5. Перелейте тесто в кувшин, затем достаньте горячие формы из духовки. Аккуратно залейте тесто в углубления.

6. Верните формы в духовку. Запекайте 20-25 минут, пока пудинги не поднимутся и не подрумянятся. Важно: не открывайте духовку в процессе запекания.

7. Немедленно подавайте.

Пикник на пляже:
НЕИЗМЕННЫЕ FISH&CHIPS

Глубоко проветрились, йодировались и просолились: провели с семьей на море еще один чудесный долгий день. В роскошном месяце мае, на английском побережье, соседнем с Францией.

Иногда прятались за первую линию домов в маленьком городке, потому что прохладно и сдувает с ног. Потом снова возвращались и играли с детьми на галечном пляже. Строили целые бастионы, закапывались в гальку, сортировали камешки на белые и черные и кидались ими в пенную воду.

И хотя ближайшее к Лондону море — в Брайтоне, в этот раз мы специально приехали в Deal, Kent, где когда-то останавливались на пару месяцев зимой. Откуда видны белые клифы, которые так выдаются в море, что аж врезаются в другой часовой пояс: в телефоне автоматически переводится время на час вперед, и приходят сообщения о включении роуминга.

В прошлом это был порт контрабандистов, что добавляет романтики: ведь до сих пор в простенках покосившихся домов находят спрятанные сокровища.

Наша обязательная программа на берегу — это щедрая порция fish&chips, которую готовят в кипящем масле прямо здесь же, через дорогу от пирса. Еда эта настолько сытная, что остатки всегда достаются вечно голодным чайкам, которые призывно кричат и совершают над вами очередной круг.

К сожалению, я не могу рекомендовать fish&chips отдельно от моря, ветра, чаек и неба. Каким бы знаковым и традиционным оно ни было, это блюдо не влюбит вас в Англию. Рыба обычно не соленая, такая, знаете, натюрель. Но основной ингредиент, морской воздух, заставляет этого не замечать. Нам и чайкам по большому счету все равно, если не совсем вкусно, если недосолено.

Однако, моя неординарная находка — это веганские fish&chips в Брайтоне, сделанные из водорослей и тофу, — вкусные по-настоящему. Даже удивительно!

ТОП-5 ресторанов Лондона

Признаюсь честно, наше любимое занятие, где бы мы ни находились, — это ходить по ресторанам. Помню, наблюдавшая за нашими геолокациями одна французская знакомая однажды воскликнула: «Mais, vous êtes toujours au restaurant!» И была права на все 95%. Самые стоящие моменты, которыми хотелось поделиться, всегда заставали нас за столиком с ножом и вилкой. Это как противоположность сидению дома, как повод развеяться и пройтись, а чаще — интерес к чужому кулинарному исполнению. И как одна из не самых последних ценностей, удовольствие от искусно приготовленной еды, вкус к жизни.

В Лондоне нам очень даже повезло с хорошими ресторанами. По большому счету, здесь можно целиком расслабиться и постоянно есть вне дома или заказывать доставку. До той поры, когда не захочется наконец-то что-то сотворить самостоятельно. И когда вдохновение падает до нуля, можно снова отправиться на его поиски вовне.

Однако, при всем существующем разнообразии, есть и исключения: например, мы не любим сетевые ресторанные концепции. Нам кажется, что в таких местах стирается индивидуальность шеф-повара. Плюс в короткий список наших любимых мест, который я хочу вам предложить, не вместились тысячи ярко национальных ресторанов, нас окружающих. Хотя и среди тех, и других есть интересные экземпляры. Но все-таки.

Итак, с нашей скромной точки зрения искушенных Францией любителей оригинальности и стиля, TOP-5 лучших ресторанов Лондона — это:

Флагманский ресторан Ottolenghi: ROVI. Очередь туда мы занимали за две недели, и столик нашелся чудом. Зато приключение стоило ожидания. Тому, кто не знаком с личностью Йотама Оттоленги, сообщаю, что это невероятно яркий лондонский шеф-повар ближневосточного происхождения, который в корне поменял мой взгляд на гастрономию. Такого буйства красок и сочетаний овощей и специй вы не найдете нигде больше.

Лучший стейк на Charlotte street: Мы часто наведываемся на эту улицу, как в кулинарную Мекку. Здесь пестрое разнообразие разного толка ресторанов и кафе, но один из них, сицилийский Bricco e Bacco, мы просто не смогли пройти мимо, так как аромат сочных стейков распространялся от него за версту. Аппетитные, увесистые, идеальной прожарки стейки — мечта гедониста из фильма «Матрица». Нас, как обычно, спросили, есть ли у нас аллергия на что-нибудь, и мы пошутили, что нет, кроме того, что мы вегетарианцы. Официант весело заулыбался, но не сразу.

Изысканная гастрономия на 37 этаже в City: Один из моих дней рождения полностью устроила подросшая дочка. Это был взрыв ее фантазии и пропитанный любовью план передвижений по городу, где в каждом месте меня ждал чудесный сюрприз. Неповторимый садовый уголок парка, иммерсионная выставка картин, гастро-автобус, а на обед — ресторан высокой кухни в культовом Sky Garden наверху одного из небоскребов лондонского Сити. Так вот, ресторан Fenchurch произвел на меня неизгладимое впечатление уровнем приготовления и презентации блюд.

Отличное французское бистро в Marylebone: Blandford Comptoir — это современный дизайн и кухня французского происхождения, как нельзя лучше подходит и для бизнес-ланчей, и для романтических свиданий. Да и район вокруг насквозь очень симпатичный, где буквально на его главной улице, собраны одни сплошь французские бренды и несколько других аутентичных ресторанов. Радуется глаз, отдыхает сердце, наслаждается желудок.

Аппетитная курица-гриль в Notting Hill: Cocotte Rotisserie. Обожаем этот ресторан за то, что они вытворяют с простой курицей. Всего несколько посадочных мест, которые тоже очень сложно зарезервировать, и заказы на доставку разлетаются так же молниеносно. Кроме курицы здесь можно попробовать слюноотделительный truffle mash, пюре с трюфелем, и другие гарниры и закуски очень качественного прочтения.

На тот момент это был наш лучший кулинарный опыт.

Нетуристическая Англия
\Cotswolds\

Меня часто посещает видение: английские деревни в туманном облаке, со сказочными немного покосившимися белокаменными домиками, которые так напоминают об атмосфере... провинциальной Франции. Рядом с Оксфордом есть одно уникальное место: Cotswolds, — ансамбль таких маленьких, но очень современных деревень. Со своими именитыми ресторанами, оживленной главной улицей, сырным магазинчиком, в котором представлено все разнообразие местных и горстка французских сыров.

Конечно, можно было бы также добавить, что в Лондоне вы найдете очень хорошо ухоженные ботанические сады и парки. Например, Kew Gardens — это чудо, а не парк, с ним у меня связаны особенные чувства. По своему очарованию и относительно низкой степени обнаружения туристами этот парк тоже мог бы претендовать на звание жемчужины в моем списке. Особенно весной, когда там все расцветает.

Оксфорд и Кембридж сами по себе тоже могут быть, своей фантастической архитектурой и студенческой жизнью, необыкновенно привлекательны.
И в Оксфорде тоже есть великолепный ботанический сад.

Но деревни в Cotswolds — это one love.

Понимаете, когда живешь в большом вибрирующем городе, иногда хочется сбежать от транспортного шума и концентрации людей. Даже от вседоступности: магазинов, доставок, ресторанов и кафе. На простор, в обилие кислорода, непричесанные сады, фермы. Чтобы ухудшилась мобильная связь и провис интернет, а вместо них зашуршали страницы книг у разведенного камина. И для ужина половина продуктов оказалась доступна в собственном огороде.

В один из таких вечеров я бы с радостью приготовила садовое ризотто по этому рецепту.

САДОВОЕ РИЗОТТО

Вам понадобится

300 г риса арборио
1 большая луковица
2 бокала сухого белого вина
около 1 л. куриного бульона
6 зубчиков чеснока
по 300 г зеленых и желтых кабачков цуккини
цедра 1 лимона
по 200 г замороженного зеленого горошка и зеленых бобов
100 г тертого пармезана
5 веточек мяты
оливковое и сливочное масло
соль, перец по вкусу

Что делать

1. Приготовьте куриный бульон (отварите 1/2 курицы или несколько ее частей).

2. Мелко нарежьте и обжарьте лук на смеси оливкового и сливочного масла. Добавьте бокал вина и рис, а также пару половников свежего бульона. Готовьте, помешивая и доливая бульон, до готовности риса. При необходимости досолите рис.

3. В отдельной сковороде мелко нарежьте и обжарьте чеснок, добавьте к нему нарезанные кружками цуккини. Влейте еще один бокал вина и посыпьте лимонной цедрой, приправьте солью и перцем, немного потушите, соедините с рисом.

4. Также отдельно обжарьте зеленый горошек и бобы и добавьте в общую кастрюлю.

5. Хорошо перемешайте ризотто. Потрите в него пармезан и посыпьте листиками мяты. Сразу подавайте.

Бургеры, о, да!

Как бы это ни казалось антипедагогично, наши дети обожают английские бургеры. Вследствие чего, мы тоже их большие поклонники. Но попробую зайти в эту полемическую тему сильно издалека.

Так вот, почему-то глицинию, пышный фиолетовый плющ, я раньше не замечала в Лондоне. Обитала вначале в районе Swiss Cottage, где преобладают магнолия, вишня и сирень. А через продолжительное время после переезда в Highgate, у меня как будто открылись глаза: вижу эти блеклые томные гроздья на каждом фасаде. Радуюсь и недоумеваю: да здесь же совсем как во Франции! Там этот плющ божественно разросся над воротами в наш дом и стал для меня одним из романтических символов.

Или я помню, когда я в первый раз отвезла на вступительный экзамен дочку в школу, ради учебы в которой мы как раз и перебрались севернее. Такси отъехало, оставив меня за стеной дождя. Я сделала робкую попытку найти кафе, чтобы скоротать ожидание. Дошла до перекрестка, и не разглядела в этом месте ничего обещающего. Ретировалась под развесистое дерево и провела там жалкий, мокрый, несчастный час.

Зато как потом неожиданно ярко раскрылся этот район! Отдельная проникновенная песня о любви! Кафе, магазины, улыбающиеся прохожие, наш дом, который я с чувством наполнила мебелью и аксессуарами — до нашего приезда он был совершенно пуст. Туманные утра, золотой час, звездные ночи. Жизнь, которая постоянно вибрирует.

Вопрос: как этот экскурс в принятие неизвестного соотносится с бургерами? Надо сказать, напрямую. Раньше я могла стереотипно кривить уголки губ и произносить решительно: только не бургеры. Подавайте мне высокую французскую гастрономию. Но по прошествии адаптации к жизни в Англии обнаружилось, что здесь обалденно вкусные бургеры. Не масс-маркет, конечно, а бургеры как искусство, бургеры-гурме.

Представьте, например: бургер с мясным patty безупречной прожарки с луковым чатни и голубым сыром. Или мой любимый бургер с гигантской креветкой, авокадо и сладким чили соусом. Бургеры, которые вы можете собрать, как конструктор, на ваш вкус. Булочка без глютена, салат вместо булочки. Все это доступно почти повсеместно и в доставке за какие-то 20 минут. Понятно, дети зачастую устраивают забастовку и требуют каждый своего бургера. И мне порой бывает так сложно устоять.

Один из самых сочных и оригинальных бургеров, найденных мной на улицах космополитического Лондона, — это гавайский бургер с соусом терияки и ананасом-гриль.

Кстати: в викторианскую эпоху в Англии ананас был больше, чем символ богатства и благополучия, который по сей день украшает St. Paul's Cathedral. Это была такая редкость, что ананас не ели, а сдавали в аренду для торжеств.

БУРГЕР С АНАНАСОМ-ГРИЛЬ

Вам понадобится

Для домашнего соуса терияки:
200 мл воды
50 мл соевого соуса
50 г коричневого сахара
2 ст. ложки меда
2 ст. ложки семян кунжута
1 ч. ложка свежего тертого корня имбиря
0.5 ч. ложки чесночного порошка
2 ст. ложки кукурузного крахмала

Для 4 бургеров:
450 г жирного говяжьего фарша
0.5 ч. ложки кунжутного масла
по 0.5 ч. ложки соли и перца
0.5 ч. ложки (копченой) паприки
4 круглых булочки для бургеров
8 кружков свежего ананаса
4 слайсика чеддера
8 листиков салата-латук
по желанию: 1 красная луковица, соль, сок 0.5 лимона и 1 помидор

Что делать

1. Вначале приготовьте свежий домашний соус терияки. Для этого смешайте воду, соевый соус, сахар, мед, обжаренный кунжут, тертый имбирь и чесночный порошок. Разогрейте на среднем огне. Введите крахмал и постепенно сгустите соус. При необходимости убавьте огонь или добавьте воды, чтобы отрегулировать консистенцию. Снимите с огня и дайте остыть при комнатной температуре, 15 минут.

2. Подогрейте булочки в тостере или на гриле. Обжарьте на гриле ананас до образования темных следов-полосок от гриля.

3. Добавьте кунжутное масло в фарш и перемешайте. Разделите на 4 части, сформируйте шарики и сделайте из них лепешки. Приправьте солью, перцем и паприкой. Обжарьте на средне-сильном огне по 4 минуты с каждой стороны. В конце положите сверху по слайсику чеддера и подождите, чтобы он немного расплавился.

4. Соберите бургеры: разрежьте булочки пополам, на нижнюю часть булочки положите листья латука, дальше мясную котлету с сыром и кружок ананаса. Обильно полейте соусом терияки. По желанию добавьте кружок помидора и красный лук: предварительно тонко нарежьте его и быстро замаринуйте с щепоткой соли и лимонным соком. Накройте верхней частью булочки. Подавайте теплыми.

Самые странные
АНГЛИЙСКИЕ БЛЮДА

Pie в английской кухне не всегда пирог, а pudding не всегда пудинг. Знаете такое? Это может показаться немного странным. Но давайте по порядку. Вот несколько неожиданных блюд, достойных внимания, с не менее интригующими названиями.

Pigs in blankets
Угадайте, что это? Подсказка: принцип отдаленно напоминает селедку под шубой. Но не совсем, потому что это мини-сосиски, завернутые в бекон, который играет роль одеяла, и в нем обжаренные. Просто и очень вкусно в качестве закуски или одного из гарниров.

Toad in the hole
Те же самые сосиски, но погруженные и запеченные в гигантском Йоркширском пудинге. Который, соответственно, не сладкий, а готовится из муки, яиц и молока с добавлением соли и перца. Кто бы мог подумать, что это прекрасное сочетание. И хотя в названии — «жаба», это не имеет никакого отношения к делу.

Jellied eels
Очень вкусная, на самом деле, вещь — этот угорь в желе, заливное из угря практически. Особенно хорош на свежем морском воздухе, когда нагуляетесь полдня, присесть рядом с лавкой с морепродуктами на шаткий пластиковый стул и провожать взглядом плавно передвигающихся вдоль берега прохожих.

Mushy peas
Мятый зеленый горошек, самый английский из гарниров, не иначе. Часто сопровождает fish&chips, дополняет и завершает это блюдо. Сухой горошек нужно замочить на ночь, затем отварить полчаса и быстро потолочь. Посолить и поперчить, добавить кусочек масла, мелко нарезанную мяту и лимонный сок. Мммм, отличное изобретение.

Black pudding

Так же, как Йоркширский пудинг — не десерт, то и black pudding вовсе не пудинг. Это, не поверите, кровяная колбаса. Что же заставило дать ему такое название, предположить сложно. Но продукт этот неплохой и даже модный. Появляется в меню ресторанов в аккомпанементе со спаржей или с запеченным ревенем, с сельдереем и гребешками, или с картофелем и с томатным чатни.

КУЛЬТУРА *английских пабов* И ПАСТУШИЙ ПИРОГ

Знаете, в чем главное преимущество Англии перед Америкой? В Америке всего несколько пабов, какие-то считанные единицы, а в Англии их — густо закрашенная карта. В одном нашем маленьком районе на севере Лондона, Хайгейт, 35 пабов. А район этот действительно крошечный, и как сюда помещается столько злачных заведений, мы до сих пор не выяснили, и пока еще не все обошли. Пабы бывают как просто питейные, так и в разной степени гастрономические, со своим более или менее традиционным меню.

Однажды мы отправились посмотреть, что за историческое здание мешает основному въезду в Хайгейт. От дороги в этом месте остается всего одна полоса, и в обе стороны выстраиваются очереди из машин. Нам было искренне интересно узнать причину постоянных пробок. Как оказалось, там расположен старинный паб с неимоверно качественной кухней. С супом-пюре из артишоков, из-за которого мы сразу перестали сетовать на сужение дороги.

Когда один паб Хайгейта не справился экономически и закрылся, местные жители были очень опечалены. Как же так, — сентиментально возражали они, — разве можно закрыть паб? Это же не просто ресторан или кафе, это практически единственное пространство, где можно пообщаться, отдохнуть душой!

Также примечательно, что после определенного времени вечером, везде по-разному, но обычно после 8-ми, в пабах нельзя появляться с детьми. И в дневное время тоже, с подросшей дочерью нельзя сидеть за барной стойкой. У 12-летней барышни спрашивают, исполнилось ли ей 18, и просят пересесть сильно дальше в угол у входа. Такие правила, все строго.

Принципиальное же мое ощущение от пабов такое: кожаная мебель, липкий стол, камин, сомнительные репродукции на стенах. Надышано, громко, весело. Через некоторое время даже хорошо. Как вариант обеда в гастро-пабе, я обычно выбираю один из pies. Мой любимый — Shepherd's pie, пастуший пирог. Правда, это не пирог вовсе, а картофельная запеканка с мясом. Простая, но невероятно вкусная.

SHEPHERD'S PIE

Вам понадобится

1 луковица
2-3 средних моркови
500 г фарша из баранины
2 ст. ложки томатной пасты
щедрая капля ворчестерского соуса
500 мл говяжьего бульона
900 г картофеля
молоко, сливочное масло
растительное масло
соль, перец

Что делать

1. Мелко нарежьте лук и морковь и обжарьте их на растительном масле. Добавьте фарш, посолите и поперчите, подрумяньте, слейте лишний жир.

2. Добавьте томатную пасту и обильно сбрызните ворчестерским соусом, тушите, помешивая, 7 минут. Залейте бульоном, доведите до кипения, снизьте огонь и томите под приоткрытой крышкой 40 минут.

3. В это время приготовьте картофельное пюре. Разогрейте духовку до 180 °C.

4. Выложите в емкость для запекания сначала фарш, затем сверху пюре. Утрамбуйте пюре бороздками с помощью вилки. Поставьте в духовку на 20 минут. Края пюре должны покоричневеть /опалиться.

Индекс рецептов

\France\

ENTRÉE
Маринованные артишоки 29
Горячие устрицы 40
Террин из фуа-гра 91
Мини-киши 207
Простой буйабес 96-97
Луковый суп 100
Луковый конфитюр 139

PLAT PRINCIPAL
Картофельный гратен 17
Гратен из лука порея 20
Тиан 161-162
Обжаренная фуа-гра 89
Утка в уваренном апельсиновом соусе 38
Запеченная утка в апельсиновой глазури 114
Печень с конфи из лука и фиников 196-197
Дорада по-провански под тапенадом 44
Гигантские креветки с дыней 85
Айоли 183
Фондю 119
Тартифлетт 122
Запеченный камамбер 128-129

DESSERT
Торт рождественское полено 110-111
Пряный медовый кекс 62
Фиалковый кекс 71
Галета волхвов 205
Замороженная нуга 59
Лавандовый крем-брюле 73
Шоколадный пирог 150
Шоколадный мусс 156

\UK\

STARTERS
Салат с киноа, манго и стручками горошка 32-33
Салат с манго и креветками в сладком чили соусе 51
Шотландский суп cullen skink 103

MAINS
Трюфельное пюре 81
Садовое ризотто 225
Ирландское рагу 199
Сосиски, запеченные с фенхелем, красным луком и яблоками 166-167
Пастуший пирог 233
Бургер с ананасом-гриль 228
Мясная подливка gravy 23
Йоркширский пудинг 217

AFTERS
Брауни 154-155
Клубничные капкейки 212-213
Sticky toffee пудинг 64-65
Классические английские сконы 189
Лимонный курд 134-135
Мармелад из манго и лайма 124
Апельсиновый мармелад с виски 172
Десертный соус custard 22
Летний пунш с сиропом из цветов бузины 74

breakfast-in-london-dinner-in-paris.com

www.ingramcontent.com/pod-product-compliance
Lightning Source LLC
Chambersburg PA
CBHW061402160426
42811CB00100B/1430